大方廣佛華嚴經

## 일러두기

1. 『대방광불화엄경 강설』 원문原文의 저본底本은 근세에 교정이 가장 잘 되었다고 정평이 나 있는 대만臺灣의 불타교육기금회佛陀教育基金會에서 출판한 『화엄경소초華嚴經疏鈔』본입니다.

2. 『대방광불화엄경 강설』은 실차난타實叉難陀가 695년부터 699년까지 4년에 걸쳐 번역해 낸 80권본卷本 『대방광불화엄경』을 우리말로 옮기고 강설을 붙인 것입니다.

3. 『대방광불화엄경』은 애초 산스크리트에서 한역漢譯된 경전이지만 현재 산스크리트본은 소실된 상태입니다. 산스크리트를 음차한 경우 굳이 원래 소리를 표기하려고 하기보다는 『표준국어대사전』이나 『불교사전』 등에 등재된 한자음을 사용하는 것을 원칙으로 하였습니다.

4. 경문의 한글 번역은 동국역경원본을 참고하여 그대로 또는 첨삭을 하며 의미대로 번역하고 다듬었습니다.

5. 각 품마다 내용에 따라 단락을 나누고 제목을 달았습니다. 단락의 제목은 주로 청량清涼스님의 견해에 기초하였고 이통현李通玄장자의 견해를 참고로 하였습니다.

6. 『대방광불화엄경 강설』의 발행 순서는 한역 경전의 편재 순서를 기준으로 하였고 각 권은 단행본 한 권씩으로 출간될 예정이며 모두 80권으로 완간됩니다. 다만 80권본에 빠져 있는 「보현행원품」은 80권본 완역 및 강설 후 시리즈에 포함돼 추가될 예정입니다.

7. 『대방광불화엄경 강설』 안에서 불교용어를 풀이한 것은 운허스님이 저술하고 동국역경원에서 편찬한 『불교사전』을 인용하였습니다.

8. 각주의 청량스님의 소疏는 대만에서 입력한 大方廣佛華嚴經 사이트의 것을 사용하였습니다.

9. 『대방광불화엄경 강설』 입법계품에 들어가는 문수지남도는 북송北宋시대 불국佛國선사가 선재동자가 53명의 선지식을 친견하여 법을 구하는 장면을 하나하나 그림으로 그린 것입니다.

# 대방광불화엄경 강설
# 제 21 권

## 二十二. 십무진장품+無盡藏品

실차난타實叉難陀 한역
무비스님 강설

# 서문

무진장無盡藏, 이 세상에서 무엇이 무진장입니까?

모든 사람 모든 생명의 내용이 본래로 무진장입니다.

참마음과 참나와 차별 없는 참사람에게는 본래로 무진장입니다.

참되고 바른 이치를 믿는 믿음[信藏]도 처음부터 무진장으로 있었기 때문에 우리는 그것을 매일매일 이와 같이 표현합니다. 윤리와 도덕과 질서를 지키는 계율[戒藏]도 참사람에게는 본래로 무진장입니다. 참사람은 자신의 실수와 잘못을 누가 가르치지 않아도 부끄러워할 줄 아는 것이 무진장으로 있습니다.

이와 같이 참마음 참사람은 들어서 알고자 하는 것도, 남에게 무한정 베풀고 싶어하는 것도, 타고난 지혜 등등도 일체를 본래부터 무진장으로 가지고 있어서 한량없이 원만한[+] 무진장無盡藏입니다.

그러므로 차별 없는 참사람의 또 다른 이름이 무진장입니다. 바로 이 글을 읽는 당신이 곧 무진장입니다. 그래서 우리는 무엇이나 무진장으로 표현하며 무진장으로 살아야 합니다. 당신 스스로가 무진장인데 왜 부족하다고 생각합니까? 왜 가난하다고 생각합니까? 왜 없다고 생각합니까?

무진장인 자신을 못난 사람이라고 천대하지 맙시다. 무진장인 자신을 부족한 사람이라고 한정짓지 맙시다. 무진장인 자신을 능력이 없어서 안 된다고 제한하고 규정짓지 맙시다.

무진장, 우리 모두 모든 시간과 모든 장소에서 무진장으로 살아갑시다.

2015년 2월 1일
신라 화엄종찰 금정산 범어사

如天 無比

# 대방광불화엄경 목차

| | | | | |
|---|---|---|---|---|
| 제1권 | 1. 세주묘엄품世主妙嚴品 [1] | | 제18권 | 18. 명법품明法品 |
| 제2권 | 1. 세주묘엄품世主妙嚴品 [2] | | 제19권 | 19. 승야마천궁품昇夜摩天宮品 |
| 제3권 | 1. 세주묘엄품世主妙嚴品 [3] | | | 20. 야마천궁게찬품夜摩天宮偈讚品 |
| 제4권 | 1. 세주묘엄품世主妙嚴品 [4] | | | 21. 십행품十行品 [1] |
| 제5권 | 1. 세주묘엄품世主妙嚴品 [5] | | 제20권 | 21. 십행품十行品 [2] |
| 제6권 | 2. 여래현상품如來現相品 | | **제21권** | **22. 십무진장품十無盡藏品** |
| 제7권 | 3. 보현삼매품普賢三昧品 | | 제22권 | 23. 승도솔천궁품昇兜率天宮品 |
| | 4. 세계성취품世界成就品 | | 제23권 | 24. 도솔궁중게찬품兜率宮中偈讚品 |
| 제8권 | 5. 화장세계품華藏世界品 [1] | | | 25. 십회향품十廻向品 [1] |
| 제9권 | 5. 화장세계품華藏世界品 [2] | | 제24권 | 25. 십회향품十廻向品 [2] |
| 제10권 | 5. 화장세계품華藏世界品 [3] | | 제25권 | 25. 십회향품十廻向品 [3] |
| 제11권 | 6. 비로자나품毘盧遮那品 | | 제26권 | 25. 십회향품十廻向品 [4] |
| 제12권 | 7. 여래명호품如來名號品 | | 제27권 | 25. 십회향품十廻向品 [5] |
| | 8. 사성제품四聖諦品 | | 제28권 | 25. 십회향품十廻向品 [6] |
| 제13권 | 9. 광명각품光明覺品 | | 제29권 | 25. 십회향품十廻向品 [7] |
| | 10. 보살문명품菩薩問明品 | | 제30권 | 25. 십회향품十廻向品 [8] |
| 제14권 | 11. 정행품淨行品 | | 제31권 | 25. 십회향품十廻向品 [9] |
| | 12. 현수품賢首品 [1] | | 제32권 | 25. 십회향품十廻向品 [10] |
| 제15권 | 12. 현수품賢首品 [2] | | 제33권 | 25. 십회향품十廻向品 [11] |
| 제16권 | 13. 승수미산정품昇須彌山頂品 | | 제34권 | 26. 십지품十地品 [1] |
| | 14. 수미정상게찬품須彌頂上偈讚品 | | 제35권 | 26. 십지품十地品 [2] |
| | 15. 십주품十住品 | | 제36권 | 26. 십지품十地品 [3] |
| 제17권 | 16. 범행품梵行品 | | 제37권 | 26. 십지품十地品 [4] |
| | 17. 초발심공덕품初發心功德品 | | 제38권 | 26. 십지품十地品 [5] |

| | | | | |
|---|---|---|---|---|
| 제39권 | 26. 십지품+地品 [6] | | 제58권 | 38. 이세간품離世間品 [6] |
| 제40권 | 27. 십정품+定品 [1] | | 제59권 | 38. 이세간품離世間品 [7] |
| 제41권 | 27. 십정품+定品 [2] | | 제60권 | 39. 입법계품入法界品 [1] |
| 제42권 | 27. 십정품+定品 [3] | | 제61권 | 39. 입법계품入法界品 [2] |
| 제43권 | 27. 십정품+定品 [4] | | 제62권 | 39. 입법계품入法界品 [3] |
| 제44권 | 28. 십통품+通品 | | 제63권 | 39. 입법계품入法界品 [4] |
| | 29. 십인품+忍品 | | 제64권 | 39. 입법계품入法界品 [5] |
| 제45권 | 30. 아승지품阿僧祇品 | | 제65권 | 39. 입법계품入法界品 [6] |
| | 31. 여래수량품如來壽量品 | | 제66권 | 39. 입법계품入法界品 [7] |
| | 32. 보살주처품菩薩住處品 | | 제67권 | 39. 입법계품入法界品 [8] |
| 제46권 | 33. 불부사의법품佛不思議法品 [1] | | 제68권 | 39. 입법계품入法界品 [9] |
| 제47권 | 33. 불부사의법품佛不思議法品 [2] | | 제69권 | 39. 입법계품入法界品 [10] |
| 제48권 | 34. 여래십신상해품如來十身相海品 | | 제70권 | 39. 입법계품入法界品 [11] |
| | 35. 여래수호광명공덕품<br>如來隨好光明功德品 | | 제71권 | 39. 입법계품入法界品 [12] |
| | | | 제72권 | 39. 입법계품入法界品 [13] |
| 제49권 | 36. 보현행품普賢行品 | | 제73권 | 39. 입법계품入法界品 [14] |
| 제50권 | 37. 여래출현품如來出現品 [1] | | 제74권 | 39. 입법계품入法界品 [15] |
| 제51권 | 37. 여래출현품如來出現品 [2] | | 제75권 | 39. 입법계품入法界品 [16] |
| 제52권 | 37. 여래출현품如來出現品 [3] | | 제76권 | 39. 입법계품入法界品 [17] |
| 제53권 | 38. 이세간품離世間品 [1] | | 제77권 | 39. 입법계품入法界品 [18] |
| 제54권 | 38. 이세간품離世間品 [2] | | 제78권 | 39. 입법계품入法界品 [19] |
| 제55권 | 38. 이세간품離世間品 [3] | | 제79권 | 39. 입법계품入法界品 [20] |
| 제56권 | 38. 이세간품離世間品 [4] | | 제80권 | 39. 입법계품入法界品 [21] |
| 제57권 | 38. 이세간품離世間品 [5] | | 제81권 | 40. 보현행원품普賢行願品 |

# 대방광불화엄경 강설 제21권

## 二十二. 십무진장품 +無盡藏品

1. 삼세 부처님들의 열 가지 장 ····················· 15

2. 열 가지 장의 이름 ····························· 17

3. 공덕림보살이 열 가지 장을 설하다 ················ 19
   1) 신장을 설하다 ····························· 19
     (1) 믿음의 상을 밝히다 ····················· 19
     (2) 믿음의 힘을 밝히다 ····················· 21
       1〉 업의 작용 ·························· 21
       2〉 까닭을 해석하다 ···················· 24
       3〉 믿음의 성취를 말하다 ················ 27

目次

2) 계장을 설하다 ·················································· 29
   (1) 열 가지 계를 성취하다 ································· 29
   (2) 널리 이익을 주는 계 ···································· 30
   (3) 받지 않는 계 ················································ 31
   (4) 머물지 않는 계 ············································ 34
   (5) 뉘우침 없는 계 ············································ 35
   (6) 어기지 않는 계 ············································ 36
   (7) 괴롭히고 해롭게 하지 않는 계 ····················· 37
   (8) 섞임이 없는 계 ············································ 39
   (9) 탐하여 구함이 없는 계 ································ 40
   (10) 과실이 없는 계 ·········································· 41
   (11) 헐고 범함이 없는 계 ·································· 42

3) 참장을 설하다 ·················································· 44
   (1) 악을 지은 것을 부끄러워하다 ······················ 44
   (2) 과거에는 악을 짓고 부끄러워함이 없었다 ··········· 45
   (3) 부끄러운 상을 나타내다 ······························ 47

4) 괴장을 설하다 ································· 49
   (1) 과거 부끄러웠던 일을 생각하여 수행하다 ············ 49
   (2) 중생을 해치고도 부끄러워함이 없다 ················ 50
   (3) 세간사를 돌아보아 부끄러워하는 행을 닦다 ·········· 51
5) 문장을 설하다 ································· 53
   (1) 보살이 온갖 법을 들어서 알다 ···················· 53
   (2) 인연으로 유무 생멸하는 법 ······················ 56
   (3) 세간의 법 ································· 57
   (4) 출세간의 법 ······························· 58
   (5) 함이 있는 법 ······························· 59
   (6) 함이 없는 법 ······························· 60
   (7) 기록할 수 있는 법 ···························· 61
   (8) 기록할 수 없는 법 ···························· 62
      1〉 아에 나아가서 무기를 밝히다 ················· 62
      2〉 범부와 성인에 나아가서 무기를 밝히다 ·········· 64
      3〉 선후의 범부와 성인에 나아가서 무기를 밝히다 ··· 65
      4〉 세계에 나아가서 무기를 밝히다 ··············· 66
      5〉 생과 사의 경계선에 나아가서 무기를 밝히다 ······ 67

(9) 많이 들어 아는 뜻을 나타내다 ················· 67
6) 시장을 설하다 ································· 69
　(1) 열 가지 보시의 이름 ····················· 69
　(2) 나누어 주는 보시 ························ 71
　(3) 전부 다하는 보시 ························ 74
　(4) 속보시 ···································· 76
　(5) 겉보시 ···································· 79
　(6) 안팎보시 ································· 81
　(7) 일체보시 ································· 84
　(8) 과거보시 ································· 86
　(9) 미래보시 ································· 88
　(10) 현재보시 ································ 91
　(11) 최후의 보시 ····························· 93
7) 혜장을 설하다 ································ 98
　(1) 지혜로 모든 법을 사실대로 알다 ········ 98
　(2) 사실대로 아는 뜻을 해석하다 ·········· 102
　(3) 실다운 성품을 알게 하려고 법을 설함 ·········· 103

(4) 지혜의 무진장은 열 가지 다할 수 없음이 있다 ········ 106
　　(5) 지혜의 장에 머무는 이익 ···································· 109
　8) 염장을 설하다 ······················································ 110
　　(1) 미진수와 같은 일을 다 기억하다 ························· 110
　　(2) 기억에 열 가지 수승함이 있다 ···························· 115
　　(3) 기억의 장에 머무는 이익을 밝히다 ····················· 116
　9) 지장을 설하다 ······················································ 118
　　(1) 제법을 들어서 오랫동안 지님을 밝히다 ··············· 118
　　(2) 지니는 덕의 양을 밝히다 ··································· 121
　10) 변장을 설하다 ···················································· 122
　　(1) 부처님의 경전과 똑같이 법을 설하다 ················· 122
　　(2) 말의 무진장으로 얻은 이익 ································ 127


4. 장의 수승함을 말하다 ············································· 132

5. 열 가지 무진장에는
　 열 가지 다함없는 법이 있다 ································· 133

# 대방광불화엄경 강설

제21권

二十二. 십무진장품

화엄경 7처 9회 39품 중 제4회 4품 설법의 본론에 해당하는 십행법문을 마치고 그 결론에 해당하는 품이다. 십행법에서 더 훌륭하게 나아가는 덕을 보였다. '열 가지 다함이 없는 장藏'에서 장藏이란 창고, 곳집, 곳간, 갈무리한 장소, 저장되어 있는 곳 등의 뜻이다. 그래서 그곳에 쌓아 두었던 것을 출생한다는 의미를 가진다. 이를테면 하나의 곳집인 한 마음 안에 법계를 함유하고 있다. 그 한 마음은 곧 차별 없는 참사람이며, 모든 사람의 참마음이며, 진여본성이며, 참생명이다. 그것에 온갖 덕을 거두어 그 활용과 작용을 내는 것이 하나하나 다함이 없다. 화엄경의 이치가 늘 그렇듯이 일체 존재와 일체 법의 원만성에 의지하여 만수滿數인 10을 나타내어서 열 가지 무진장이 되었다.

# 1. 삼세 부처님들의 열 가지 장藏

爾時ᅀᅦ 功德林菩薩이 復告諸菩薩言하사대 佛子야 菩薩摩訶薩이 有十種藏하니 過去未來現在 諸佛이 已說當說今說이시니라

그때에 공덕림보살이 다시 여러 보살들에게 말하였습니다. "불자들이여, 보살마하살이 열 가지 장藏이 있으니 과거와 미래와 현재의 모든 부처님이 이미 말씀하셨으며, 장차 말씀하실 것이며, 지금 말씀하시느니라."

십무진장품의 설법은 십행품에 이어서 공덕림보살이 설하였다. 십행법에서 더 나아가는 법으로 열 가지 다함이 없는 장藏을 설하면서 이 법은 과거 미래 현재의 모든 부처님이

다 설하시는 법이라고 하였다. 그것은 영원히 변함없는 진리라는 뜻을 강조한 것이다. 또한 삼세의 부처님이 함께 설하신 것은 법의 수승함을 나타내어 모든 수행자가 다 따르게 한 것이다.

# 2. 열 가지 장藏의 이름

何等이 爲十고 所謂信藏과 戒藏과 慚藏과 愧藏과
聞藏과 施藏과 慧藏과 念藏과 持藏과 辯藏이니 是爲
十이니라

"무엇이 열 가지인가. 이른바 신장信藏과 계장戒藏과 참장慚藏과 괴장愧藏과 문장聞藏과 시장施藏과 혜장慧藏과 염장念藏과 지장持藏과 변장辯藏이니, 이것이 열이니라."

열 가지 창고를 굳이 해석하여 설명하면 믿음의 창고와 계율의 창고와 자기 스스로 부끄러워함의 창고와 남에게 부끄러워함의 창고와 들음의 창고와 베풂의 창고와 지혜의 창고와 기억의 창고와 가짐의 창고와 변재의 창고다.

청량스님은 "마음이 청정한 것이 믿음이며, 제어하여 그치는 것이 계며, 어질고 선한 것을 받들어 존중하는 것이 뉘우침이며, 포악을 막는 것이 부끄러움이며, 가르침을 받아들여 넓게 하는 것이 들음이며, 자기보다 남에게 베푸는 것이 베풂이며, 모든 법을 잘 결택하는 것이 지혜며, 마음에 밝게 기억하는 것이 염이며, 배운 것을 잘 지니어 기억하는 것이 가짐이며, 지닌 법을 공교히 선양하는 것을 변이라 한다. 십장이 각각 그 업의 작용이 있다."[1]고 하였다.

---

1) 心淨名信, 制止名戒, 崇重賢善爲慚, 輕拒暴惡爲愧, 餐教廣博爲聞, 輕己惠人爲施, 決擇諸法名慧, 令心明記爲念, 任持所記爲持, 巧宣所持爲辯. 各有業用.

# 3. 공덕림보살이 열 가지 장藏을 설하다

## 1) 신장信藏을 설하다

### (1) 믿음의 상相을 밝히다

佛<sub>불자</sub>子<sub>야</sub> 何<sub>하등</sub>等<sub>이</sub> 爲<sub>위보살마하살</sub>菩薩摩訶薩<sub>의</sub> 信<sub>신장</sub>藏<sub>고</sub> 此<sub>차보살</sub>菩薩<sub>이</sub>
信<sub>신일체법공</sub>一切法空<sub>하며</sub> 信<sub>신일체법무상</sub>一切法無相<sub>하며</sub> 信<sub>신일체법무</sub>一切法無
願<sub>원</sub><sub>하며</sub>

"불자들이여, 무엇이 보살마하살의 신장信藏인가. 이 보살이 모든 법이 공함을 믿으며, 모든 법이 형상이 없음을 믿으며, 모든 법이 원願이 없음을 믿느니라."

믿음의 상相을 밝히는 내용이다. 신심명信心銘에서는 "믿음과 마음이 둘이 아니요, 둘이 아닌 것이 신심이다."라고 하였다. 기신론에서는 네 가지 믿음을 열거하면서 불법승 삼보와 진여를 믿는다고 하였다. 십무진장품에서는 경문과 같이 설명하였다. 먼저 일체 법은 보통 사람들의 감정으로는 있지만 그 이치를 살펴보면 없기 때문에 공하다. 또 공하기 때문에 형상이 없다. 공하고 형상이 없기 때문에 원하는 바가 없다. 이러한 사실을 먼저 믿는다.

信一切法無作하며 信一切法無分別하며 信一切法無所依하며 信一切法不可量하며 信一切法無有上하며 信一切法難超越하며 信一切法無生하나니라

"모든 법이 지음이 없음을 믿으며, 모든 법이 분별이 없음을 믿으며, 모든 법이 의지함이 없음을 믿으며, 모든 법이 헤아릴 수 없음을 믿으며, 모든 법이 위가 없음

을 믿으며, 모든 법이 초월하기 어려움을 믿으며, 모든 법이 남[生]이 없음을 믿느니라."

 다음은 모든 법이 인연생기因緣生起이므로 조작이 없음을 밝혔다. 일체 법이 진실하지 않기 때문에 주관과 객관의 분별이 없다. 일체 법이 실체가 없기 때문에 의지하는 바가 없다. 일체 법에 대해서 이와 같은 이치를 믿는다. 또 일체 법은 광대무변하여 한량이 없음을 믿으며, 일체 법은 수승하여 보다 더 높은 것이 없음을 믿으며, 일체 법은 깊고 깊어서 초월할 수 없음을 믿으며, 일체 법은 불생불멸임을 믿는다.


(2) 믿음의 힘을 밝히다
1〉 업의 작용

若菩薩이 能如是隨順一切法하야 生淨信已에
약 보 살    능 여 시 수 순 일 체 법      생 정 신 이

聞諸佛法不可思議호대 心不怯弱하며 聞一切佛
문 제 불 법 불 가 사 의    심 불 겁 약    문 일 체 불

不可思議<sub>호대</sub> 心不怯弱하며 聞衆生界不可思議<sub>호대</sub>

心不怯弱하며 聞法界不可思議<sub>호대</sub> 心不怯弱하며

聞虛空界不可思議<sub>호대</sub> 心不怯弱하며

"만약 보살이 이와 같이 모든 법을 수순해서 청정한 믿음을 내고 나서 '모든 부처님의 법이 불가사의하다.' 함을 듣고도 마음이 겁약怯弱하지 않으며, '모든 부처님이 불가사의하다.' 함을 듣고도 마음이 겁약하지 않으며, '중생의 세계가 불가사의하다.' 함을 듣고도 마음이 겁약하지 않으며, '법계가 불가사의하다.' 함을 듣고도 마음이 겁약하지 않으며, '허공계가 불가사의하다.' 함을 듣고도 마음이 겁약하지 않느니라."

만약 일체 법에 대해서 공하며, 형상이 없으며, 원하는 바가 없음을 철저히 이해하고 확신이 선 사람이라면 마음에 무슨 겁약이 있겠는가. 모든 불법이 불가사의하다 하든지, 일체 부처님이 불가사의하다 하든지, 중생세계가 불가사의하

다 하든지, 법계가 불가사의하다 하든지, 허공계가 불가사의하다고 하는 그와 같은 소리에 무엇이 두렵겠는가. 한마디로 표현하면 자신도 객관도 모두가 공성이기 때문에 일체 법에 자유를 얻었으며 일체 법에 초월하였기 때문이다. 이것이 믿음의 힘이다.

聞涅槃界不可思議호대 心不怯弱하며 聞過去世不可思議호대 心不怯弱하며 聞未來世不可思議호대 心不怯弱하며 聞現在世不可思議호대 心不怯弱하며 聞入一切劫不可思議호대 心不怯弱하나니라

"또 '열반계가 불가사의하다.' 함을 듣고도 마음이 겁약하지 않으며, '과거세상이 불가사의하다.' 함을 듣고도 마음이 겁약하지 않으며, '미래세상이 불가사의하다.' 함을 듣고도 마음이 겁약하지 않으며, '현재세상이 불가사의하다.' 함을 듣고도 마음이 겁약하지 않으며,

'일체 겁에 들어감이 불가사의하다.' 함을 듣고도 마음이 겁약하지 않느니라."

다시 또 열반계가 불가사의하다 하든지, 과거세상 현재세상 미래세상이 불가사의하다 하든지, 일체 겁이 불가사의하다고 하는 그와 같은 소리에, 일체 법의 공성을 깨달은 사람이 무슨 겁약이 있겠는가. 고인이 말씀하시기를 "설사 한 법이 있어서 열반을 지나간다 하더라도 나는 또한 몽환과 같다 하리라."라고 하였다. 일체 법이 꿈이요 환영인 것에 무슨 마음이 움직이겠는가.

2) 까닭을 해석하다

何以故오 此菩薩이 於諸佛所에 一向堅信하야
하 이 고　차 보 살　어 제 불 소　일 향 견 신

知佛智慧의 無邊無盡이니라 十方無量諸世界中에
지 불 지 혜　무 변 무 진　　시 방 무 량 제 세 계 중

一一各有無量諸佛이 於阿耨多羅三藐三菩提에
일 일 각 유 무 량 제 불　어 아 뇩 다 라 삼 먁 삼 보 리

이 득 금 득 당 득
**已得今得當得**하시며

"무슨 까닭인가. 이 보살이 모든 부처님의 처소에서 한결같이 굳은 신심을 내어서 부처님 지혜의 그지없고 다함이 없음을 아느니라. 시방의 한량없는 모든 세계 가운데 낱낱이 각각 한량없는 부처님이 있어 아뇩다라삼먁삼보리를 이미 얻었으며, 지금 얻으며, 장차 얻을 것이니라."

일체 법이 불가사의하다는 말을 듣고도 마음이 겁약하지 않은 까닭은 무엇인가. 십행보살이 견고한 신심으로 모든 부처님의 지혜가 그지없고 다함이 없음을 알기 때문이다. 또 한량없는 세계에 한량없는 부처님이 과거나 현재나 미래에 모두 최상의 깨달음을 이미 얻었고, 앞으로 얻을 것이라는 사실을 굳게 믿기 때문이다.

이 출 세 금 출 세 당 출 세
**已出世今出世當出世**하시며

이 입 열 반 금 입 열
**已入涅槃今入涅**

반당입열반                피제불지혜        부증불감      불
槃當入涅槃하사대 彼諸佛智慧는 不增不減이며 不

생불멸        부진불퇴      불근불원        무지무사
生不滅이며 不進不退며 不近不遠이며 無知無捨니라

"이미 출세出世하였으며, 지금 출세하며, 장차 출세할 것이니라. 이미 열반에 들었으며, 지금 열반에 들며, 장차 열반에 들 것이니라. 저 모든 부처님의 지혜는 더하지도 않고 덜하지도 않으며, 나지도 않고 소멸하지도 않으며, 나아가지도 않고 물러나지도 않으며, 가깝지도 않고 멀지도 않으며, 앎도 없고 버림도 없느니라."

그뿐만 아니라 한량없는 세계에 한량없는 부처님이 이미 출세하셨으며, 지금도 출세하시며, 앞으로 출세하실 것을 굳게 믿기 때문이다. 열반에 대해서 역시 그와 같이 굳게 믿기 때문이다. 그리고 그들 모든 부처님의 지혜는 더하지도 않고 덜하지도 않으며, 나지도 않고 소멸하지도 않으며, 나아가지도 않고 물러나지도 않으며, 가깝지도 않고 멀지도 않으며, 앎도 없고 버림도 없음을 굳게 믿기 때문이다. 그러므로 그 어떤 말을 듣더라도 마음에 겁약함이 없다. 믿음의

힘은 참으로 위대하다.


### 3) 믿음의 성취를 말하다

此菩薩이 入佛智慧하야 成就無邊無盡信일새
(차보살 입불지혜 성취무변무진신)

得此信已에 心不退轉하며 心不雜亂하며 不可破壞
(득차신이 심불퇴전 심부잡란 불가파괴)

하며 無所染着하며 常有根本하며 隨順聖人하며 住如
(무소염착 상유근본 수순성인 주여

來家하며 護持一切諸佛種性하며 增長一切菩薩
래가 호지일체제불종성 증장일체보살)

信解하며 隨順一切如來善根하며 出生一切諸佛
(신해 수순일체여래선근 출생일체제불

方便하나니 是名菩薩摩訶薩信藏이니 菩薩이 住此
방편 시명보살마하살신장 보살 주차

信藏하야는 則能聞持一切佛法하야 爲衆生說하야
신장 즉능문지일체불법 위중생설)

皆令開悟하나니라
(개령개오)

"이 보살이 부처님의 지혜에 들어서 끝없고 다함없는 믿음을 성취하였느니라. 이 믿음을 얻고 나서는 마음이 물러나지 않으며, 마음이 뒤섞이고 어지럽지 않으며, 파괴할 수 없으며, 물듦이 없으며, 항상 근본이 있어서 성인聖人을 따르며, 여래의 집에 살면서 모든 부처님의 종성種性을 보호해 가지며, 모든 보살의 믿음과 이해를 증장增長하며, 모든 여래의 선근을 따르며, 모든 부처님의 방편을 출생하느니라. 이것의 이름이 보살마하살의 신장信藏이니라. 이 신장에 머물러서는 곧 능히 일체 부처님 법을 듣고 가져서 중생을 위해 설하여 다 깨닫게 하느니라."

신장信藏, 즉 믿음의 무진장이란 일체 법이 공함을 믿으며, 일체 법이 형상이 없음을 믿으며, 일체 법이 원願이 없음을 믿으며, 일체 법이 지음이 없음을 믿으며, 일체 법이 분별이 없음을 믿으며, 일체 법이 의지함이 없음을 믿으며, 일체 법이 헤아릴 수 없음을 믿으며, 일체 법이 위가 없음을 믿으며, 일체 법이 초월하기 어려움을 믿으며, 일체 법이 남[生]이 없음을 믿음으로 부처님의 지혜에 들어가서 끝없고 다함없는 믿음을 성취하게 된다. 이러한 믿음을 얻고 나서 여래의 집에 살면서 일체 모든 부처님의 종성을 보호해 가지는 등의 성취가 있음을 자세히 밝혔다.

불법에서 믿음처럼 중요한 것은 없다. 그러므로 열 가지 무진장에서도 믿음의 무진장을 먼저 들었다. 화엄경의 공부 과정에도 믿음[信]과 이해[解]와 실천[行]과 성취[證]의 순서로 되어 있다. 52위의 보살 수행계위에서 십신, 십주, 십행, 십회향, 십지, 등각, 묘각의 순서로 된 것도 같은 맥락이다. 이것이 보살마하살의 믿음의 창고인 신장信藏이다.

## 2) 계장戒藏을 설하다

### (1) 열 가지 계를 성취하다

불자 하등 위보살마하살 계장 차보살
佛子야 何等이 爲菩薩摩訶薩의 戒藏고 此菩薩이

성취보요익계 불수계 부주계 무회한계
成就普饒益戒와 不受戒와 不住戒와 無悔恨戒와

무위쟁계 불손뇌계 무잡예계 무탐구계
無違諍戒와 不損惱戒와 無雜穢戒와 無貪求戒와

무과실계    무훼범계
**無過失戒**와 **無毀犯戒**니라

"불자들이여, 무엇이 보살마하살의 계장戒藏인가. 이 보살이 널리 이익하게 하는 계와 받아들이지 않는 계와 머물지 않는 계와 뉘우침이 없는 계와 어기고 다툼이 없는 계와 괴롭히고 해롭게 하지 않는 계와 뒤섞이고 더러움이 없는 계와 탐함이 없는 계와 과실이 없는 계와 헐고 범함이 없는 계를 성취하느니라."

두 번째 계장戒藏에서는 열 가지 계를 들었다. 흔히 계라면 5계, 10계, 10중 48계, 비구 250계, 비구니 348계 등을 떠올린다. 화엄경의 계는 기존의 계와는 전혀 다른 계다. 열 가지 계를 아래에 낱낱이 설명한다.

### (2) 널리 이익을 주는 계

운하위보요익계    차보살    수지정계    본위
**云何爲普饒益戒**오 **此菩薩**이 **受持淨戒**는 **本爲**

이 익 일 체 중 생
**利益一切衆生**이니라

"무엇을 널리 이익하게 하는 계라 하는가. 이 보살이 청정한 계를 받아 가짐은 본래 일체 중생을 이익하게 하기 위함이니라."

중생들을 널리 이익하게 한다는 것은 보살의 본래의 뜻이다. 부처님의 본래의 뜻이며 불법의 본래의 뜻이다. 설사 보살이 5계, 10계, 10중 48계, 비구 250계, 비구니 348계 등을 주거나 받더라도 오로지 중생을 이익하게 하기 위함이라는 것을 잊어서는 안 된다. 그래서 가장 먼저 밝혔다.


(3) 받지 않는 계

운 하 위 불 수 계    차 보 살    불 수 행 외 도    제 소
**云何爲不受戒**오 **此菩薩**이 **不受行外道**의 **諸所**

유 계        단 성 자 정 진        봉 지 삼 세 제 불 여 래
**有戒**하고 **但性自精進**하야 **奉持三世諸佛如來**의

평 등 정 계
**平等淨戒**니라

"무엇을 받지 않는 계라 하는가. 이 보살은 외도들의 온갖 계를 받아 행하지 아니하고 다만 성품이 스스로 정진하여 삼세의 모든 부처님 여래의 평등하고 청정한 계를 받들어 가지느니라."

"보살은 외도들의 온갖 계를 받아 행하지 아니한다."라고 하는 내용을 좀 더 자세히 알기 위해서 열반경의 내용을 이끌어 왔다. 삿된 고행이나 삿된 계율로는 결코 해탈을 얻지 못함을 경계한 내용이다.

"선남자야, 보살마하살이 이 자리에 머물고는 알기만 하고 보지는 못하나니, 무엇을 안다 하는가. 스스로 굶는 일, 못에 빠지고, 불에 뛰어들고, 높은 바위에서 떨어지고, 한 다리를 늘 뻗는 일, 다섯 가지 뜨거운 방법으로 몸을 지지는 일, 재와 먼지와 가시덤불, 엮은 서까래, 나뭇잎, 나쁜 풀, 소똥 따위의 위에 누우며, 굵은 베옷, 무덤 곁에 버린 더러운 걸레나 담요, 흠바라欽婆羅 옷, 노루 가죽, 풀로 만든 옷을 입고, 나물 밥, 연근, 깻묵, 쇠똥, 근과根果를 먹으며, 걸식할 적에는 한 집에만 한하는데, 주인이 밥이 없다고 말하면 곧 떠나가고, 다시 부르더라도 돌아보지도 아니하며, 절인 고기나 다섯 가지 우유로 만든 것을 먹지 아니하고, 항상 뜨물과 백비탕을 마시며, 우계牛戒, 구계狗戒, 계계鷄戒, 치계雉戒 등 외도의 계율을 가지고, 재를 몸에 바르고 머리를 기르며, 양을 잡아 제사할 적에는 먼저 주문을 읽은 뒤에 죽이며, 넉 달 동안 불을 섬기고 7일 동안 바람을 섬기며, 백천억의 꽃으로 하늘에 공양하면 모든 소원이 이것을 말미암아 성취된다고 하여 이런 법이 위없는 해탈의 원인이 된다는 것이 옳지 아니한 줄을 아는 것을 안다고 이름하는 것이니라.

무엇을 보지 못한다 하는가. 보살마하살이 한 사람도 이런 법을 행하여 바른 해탈을 얻는 것을 보지 못하였으니, 이것을 보지 못한다 이름하느니라."

어린 사미 시절에 들은 이야기가 있다. 어떤 비구스님은 계율을 청정하게 지키느라고 남근男根은 부정한 것이라 하여 소변을 볼 때 젓가락으로 집어서 본다고 하였는데 그리고 몇 년 후에 환속하였다고 하였다. 또 어떤 스님은 주문을 외며 수행하다가 남근을 자른 일도 있었다. 또 한 비구니는 다음 생에 남자로 태어나기 위해서 늘 선 채로 소변을 본다는 말도 들었다. 불교는 연기의 이치를 가르치는 종교다. 위의 사례들도 연기의 이치에 해당이 되는 것인지 궁금하다.

### (4) 머물지 않는 계

운하위부주계　차보살　수지계시　심부주
**云何爲不住戒**오 **此菩薩**이 **受持戒時**에 **心不住**
욕계　　　부주색계　　부주무색계　　하이고
**欲界**하며 **不住色界**하며 **不住無色界**하나니 **何以故**오
불구생피　　이지계고
**不求生彼**하야 **而持戒故**니라

"무엇을 머물지 않는 계라 하는가. 이 보살은 계를 받아 가질 때 마음이 욕계에 머물지 아니하며, 색계에 머물지 아니하며, 무색계에 머물지 아니하나니, 무슨 까닭인가. 그곳에 태어나기 위해서 계를 가짐이 아님이니라."

계를 받아 가질 때 마음이 어디에 머물러서는 안 된다는 뜻을 밝혔다. 설사 색계와 무색계가 욕계보다 높은 차원의

세계라 하더라도 보살이 계를 받아 가지는 최종 목적은 아니다. 그러므로 흔히 5계를 잘 지키면 천상에 태어난다고 권하는 가르침은 방편이지 보살의 바른 길은 아니다.


### (5) 뉘우침 없는 계

운하위무회한계 차보살 항득안주무회
**云何爲無悔恨戒**오 **此菩薩**이 **恒得安住無悔**
한심 하이고 부작중죄 불행첨사 불
**恨心**하나니 **何以故**오 **不作重罪**하며 **不行諂詐**하며 **不**
파정계고
**破淨戒故**니라

"무엇을 뉘우침이 없는 계라 하는가. 이 보살은 항상 뉘우침이 없는 마음에 안주하나니, 무슨 까닭인가. 무거운 죄를 짓지 아니하며, 거짓을 행하지 아니하며, 청정한 계를 파하지 않는 까닭이니라."

사람이 선량하게 살고 정직하게 살면 후회하거나 뉘우침이 없는 삶을 사는 것이다. 죄를 짓지 아니하면 뉘우침이 없는 삶을 산다. 거짓을 행하여 남을 속이지 아니하면 뉘우침이 없는 삶을 산다. 청정한 계를 파하지 아니하면 뉘우침이 없이 당당한 삶을 산다. 이것이 진정한 계다.


### (6) 어기지 않는 계

云何爲無違諍戒오 此菩薩이 不非先制하고 不
<sub>운 하 위 무 위 쟁 계</sub> <sub>차 보 살</sub> <sub>불 비 선 제</sub> <sub>불</sub>

更造立하며 心常隨順하야 向涅槃戒하며 具足受持
<sub>갱 조 립</sub> <sub>심 상 수 순</sub> <sub>향 열 반 계</sub> <sub>구 족 수 지</sub>

하야 無所毁犯하며 不以持戒로 惱他衆生하야 令其
<sub>무 소 훼 범</sub> <sub>불 이 지 계</sub> <sub>뇌 타 중 생</sub> <sub>영 기</sub>

生苦하고 但願一切로 心常歡喜하야 而持於戒니라
<sub>생 고</sub> <sub>단 원 일 체</sub> <sub>심 상 환 희</sub> <sub>이 지 어 계</sub>

"무엇을 어기고 다툼이 없는 계라 하는가. 이 보살이 먼저 제정한 것을 어기지[非] 않고 다시 만들지 않으며, 마음이 항상 수순해서 열반의 계를 향하여 구족하게 받아 가져서 헐거나 범함이 없으며, 계를 가짐으로써 다른 중생을 괴롭게 하여 고통스럽게 하지 않으며, 다만 모든 이들로 하여금 마음이 항상 환희하기를 원해서 계

를 가지느니라."

부처님 당시에도 제바달다가 이미 제정한 계를 어기기도 하고 스스로 새로운 계를 만들기도 하였다. 그와 같은 경우를 경계한 말이다. 열반의 계를 향한다는 것은 모든 형상이 있는 것은 언젠가 그 형상이 소멸하므로 형상을 취하지 않는다는 뜻이다. 그것이 열반의 순리를 따르는 일이다. 또 계를 가짐으로써 다른 중생을 괴롭히는 경우가 많다. 자신의 계로써 다른 사람을 핍박하기 때문이다. 그럴 바에야 차라리 파계를 하더라도 중생을 편안하게 하는 것이 더 나으리라. 어떤 계를 가지든지 그 큰 목적은 일체 중생을 편안하고 기쁘게 하기 위한 것이다.

(7) 괴롭히고 해롭게 하지 않는 계

云何爲不惱害戒오 此菩薩이 不因於戒하야 學
諸呪術하야 造作方藥하야 惱害衆生하고 但爲救護

일체중생　　이지어계
**一切衆生**하야 **而持於戒**니라

"무엇을 괴롭히고 해롭게 하지 않는 계라 하는가. 이 보살은 계로 인하여 여러 가지 주술을 배워서 약을 만들어 중생을 괴롭히고 해롭게 하지 아니하고, 다만 일체 중생을 구호하기 위해서 계를 가지느니라."

이 경문에 대해서 청량스님은, "괴롭히고 해롭게 하지 않는 계란 중생을 괴롭히려고 먼저 계를 가지는 것도 아니며, 청정한 계를 이루기 위하여 중생을 괴롭히고 해롭게 하지도 않는 것이다. 또 말을 죽여 천신에 제사하는 것과 같은 것 등이다. 예컨대 용을 제어하려는 것과 같은 경우인데, 일찍이 아라한이 계를 가지고 그 계의 힘으로 용을 쫓아냈다는 말을 듣고 드디어 계를 가지게 되었다는 것이 이것이다. 또 말을 죽여 천신에 제사한다는 것은 백론百論에 외도가 말을 죽여 천신에 제사하여 범천에 태어날 것을 생각하여 곧 말을 괴롭히고 해롭게 하였으니 이것으로 계를 삼은 것 등이다."[2] 라고 하였다.

### (8) 섞임이 없는 계

<sup>운하위부잡계</sup> <sup>차보살</sup> <sup>불착변견</sup> <sup>부지</sup>
**云何爲不雜戒**오 **此菩薩**이 **不着邊見**하며 **不持**

<sup>잡계</sup> <sup>단관연기</sup> <sup>지출리계</sup>
**雜戒**하고 **但觀緣起**하야 **持出離戒**니라

"무엇을 뒤섞이지 않는 계라 하는가. 이 보살은 치우친 견해에 집착하지 아니하며 뒤섞인 계를 가지지 아니하고, 다만 연기緣起를 관찰하여 벗어나는 계를 가지느니라."

일체 법이 반드시 있다고 보거나 반드시 없다고 보는 견해를 '치우친 견해'라 한다. 보살은 있음과 없음에 치우치지 않는다. 그래서 단견斷見과 상견常見에도 뒤섞이지 않는다. 다만 일체 존재의 존재 원리를 인연으로 생기고 인연으로 소멸한다고 관찰하여 유와 무와 생과 사에서 멀리 벗어난다.

---

2) 〈六〉不惱害戒有二: 一, 非爲欲惱衆生先須持戒. 二, 非爲欲成淨戒逼惱衆生, 如殺馬祀等. 【非爲欲惱衆生, 先須持戒】者: 如欲禁龍, 曾聞羅漢持戒, 而能遣龍, 遂卽持戒是也. 【如馬祀等】者: 卽百論中外道計殺馬祀天得生梵天, 卽逼惱於馬, 謂爲戒等.

二十二. 십무진장품 十無盡藏品

### (9) 탐하여 구함이 없는 계

云何爲無貪求戒오 此菩薩이 不現異相하야 彰
己有德하고 但爲滿足出離法故로 而持於戒니라

"무엇을 탐하여 구함이 없는 계라 하는가. 이 보살은 기이한 모양을 나타내어서 자기에게 덕德이 있다고 드러내지 않고, 다만 벗어나는 법을 만족하게 하기 위한 까닭에 계를 가지느니라."

보살이 계를 가지더라도 다른 목적이 있어서 무엇을 탐한다면 그것은 올바른 길이 아니다. 어떤 수행자들은 수행자라는 모습을 드러내 보이기 위하여 멀쩡한 옷을 찢어서 누더기를 만들어 입는다든지, 또는 주장자를 들고 택시를 탄다든지 하여 남의 이목을 끄는 경우가 있다. 이 모두가 경문에서 경계한, 자신이 덕이 있음을 드러내는 일이다. 보살은 오로지 번뇌 무명과 생사에서 벗어나기 위하여 계를 지니는 것이다. 날카로운 송곳은 옷 속에 있더라도 저절로 그 끝이 옷을 뚫고 나오는 법이다. 굳이 덕이 있음을 자랑할 것이 부엇이겠는가.

(10) 과실過失이 없는 계

云<sup>운</sup>何<sup>하</sup>爲<sup>위</sup>無<sup>무</sup>過<sup>과</sup>失<sup>실</sup>戒<sup>계</sup>오 此<sup>차</sup>菩<sup>보</sup>薩<sup>살</sup>이 不<sup>부</sup>自<sup>자</sup>貢<sup>공</sup>高<sup>고</sup>하야 言<sup>언</sup>
我<sup>아</sup>持<sup>지</sup>戒<sup>계</sup>하며 見<sup>견</sup>破<sup>파</sup>戒<sup>계</sup>人<sup>인</sup>호대 亦<sup>역</sup>不<sup>불</sup>輕<sup>경</sup>毀<sup>훼</sup>하야 令<sup>금</sup>他<sup>타</sup>愧<sup>괴</sup>恥<sup>치</sup>
하고 但<sup>단</sup>一<sup>일</sup>其<sup>기</sup>心<sup>심</sup>하야 而<sup>이</sup>持<sup>지</sup>於<sup>어</sup>戒<sup>계</sup>니라

"무엇을 과실過失이 없는 계라 하는가. 이 보살은 스스로를 높이 받들어서 말하기를 '나는 계를 가지노라.' 하지 않으며, 계를 파한 사람을 보고도 또한 가벼이 여겨서 그로 하여금 부끄럽게 하지 아니하고, 다만 그 마음을 한결같이 해서 계를 가지느니라."

보살이 계를 가지는 바람직한 태도를 밝혔다. 첫째, 계를 청정하게 가지더라도 스스로 계를 가진다고 자랑하지 않는다. 다음은 파계한 사람을 가벼이 여기거나 파계를 꾸짖어

서 그를 부끄럽게 하지 않는다. 계를 잘 가지거나 또는 파계를 하거나 그 자신이 가장 먼저 알고 있기 때문이다. 남을 부끄럽게 만드는 것도 또 다른 파계다.


(11) 헐고 범犯함이 없는 계

**云何爲無毀犯戒**오 **此菩薩**이 **永斷殺盜邪婬**과 **妄語兩舌惡口**와 **及無義語**와 **貪瞋邪見**하고 **具足受持十種善業**하나니라

"무엇을 헐고 범함이 없는 계라 하는가. 이 보살은 살생과 도둑질과 사음邪婬과 거짓말과 두 가지 말과 악한 말과 옳지 않은 말과 탐심貪心과 진심瞋心과 사견邪見을 영원히 끊고 열 가지 착한 업을 구족하게 받아 가지는 것이니라."

보살의 헐고 범犯함이 없는 계란 열 가지 악한 행을 영원

히 끊고 반대로 열 가지 선한 행을 구족하게 잘 받아 지니는 것이다.

菩薩이 持此無犯戒時에 作是念言호대 一切衆
生이 毀犯淨戒는 皆由顚倒라 唯佛世尊이 能知衆
生의 以何因緣으로 而生顚倒하야 毀犯淨戒하시나니
我當成就無上菩提하고 廣爲衆生하야 說眞實法하야
令離顚倒라하나니 是名菩薩摩訶薩의 第二戒藏이니라

"보살이 이 범함이 없는 계를 가질 때 이러한 생각을 하되 '일체 중생이 깨끗한 계를 헐고 범하는 것은 다 전도顚倒하였기 때문이니, 오직 부처님 세존은 중생이 무슨 인연으로 전도하여 깨끗한 계를 헐고 범하는지를 능히 잘 아시느니라. 내가 마땅히 무상보리無上菩提를 성취하고 널리 중생을 위하여 진실한 법을 설해서 전도를 떠나게 하리라.' 하나니 이것의 이름이 보살마하살의 제2 계장戒藏이니라."

보살의 헐고 범犯함이 없는 계란 또 스스로 무상보리를 이루어서 일체 중생을 위하여 진실한 법을 설해 주어 전도된 삶을 영원히 떠나게 하는 것이다. 왜냐하면 일체 중생이 청정한 계를 범하는 것은 진실한 법을 알지 못하여 삶의 바른 길을 모르고 잘못되고 전도된 생각을 하기 때문이다. 만약 정법을 배워 진실하고 유익한 바른 이치를 알게 된다면 저절로 계를 잘 가지게 되는 것이다.

### 3) 참장慚藏을 설하다

(1) 악을 지은 것을 부끄러워하다

佛子야 何等이 爲菩薩摩訶薩의 慚藏고 此菩薩이
불자   하등   위보살마하살   참장   차보살

憶念過去所作諸惡하야 而生於慚하나니
억념과거소작제악         이생어참

"불자들이여, 무엇이 보살마하살의 참장慚藏인가. 이 보살이 과거에 지은 모든 악을 생각해서 부끄러움을 내느니라."

흔히 참괴심慚愧心이라고 하여 한꺼번에 부끄러워하는 마음이라고 표현한다. 그러나 세분하면 과거에 지은 악한 업을 부끄러워 뉘우치는 마음을 '부끄러울 참慚'이라 한다. 그리고 앞으로는 절대 잘못하는 일을 짓지 아니하리라고 다짐하는 마음을 '부끄러워할 괴愧'라 한다.

(2) 과거에는 악을 짓고 부끄러워함이 없었다

위피보살 심자념언 아무시세래 여제
**謂彼菩薩**이 **心自念言**호대 **我無始世來**로 **與諸**

중생 개실호작부모형제자매남녀 구탐
**衆生**으로 **皆悉互作父母兄弟姉妹男女**하야 **具貪**

진치 교만첨광 급여일체제번뇌고 갱상뇌
**瞋癡**와 **憍慢諂誑**과 **及餘一切諸煩惱故**로 **更相惱**

해 체상능탈 간음상살 무악부조 일
**害**하고 **遞相陵奪**하야 **姦婬傷殺**을 **無惡不造**하며 **一**

切衆生<sub>도</sub> 悉亦如是<sub>하야</sub> 以諸煩惱<sub>로</sub> 備造衆惡<sub>일새</sub>

是故<sub>로</sub> 各各不相恭敬<sub>하며</sub> 不相尊重<sub>하며</sub> 不相承順<sub>하며</sub> 不相謙下<sub>하며</sub> 不相啓導<sub>하며</sub> 不相護惜<sub>하고</sub> 更相殺害<sub>하야</sub> 互爲怨讐<sub>하나니라</sub>

"저 보살이 마음에 스스로 생각하되 '내가 끝없는 옛적부터 모든 중생으로 더불어 다 서로 부모도 되고 형제자매와 남녀가 되어서 탐내고 성내고 어리석음과 교만과 아첨과 온갖 번뇌를 갖춘 연고로 서로 괴롭게 하고 손해를 입혔느니라. 서로서로 업신여기고 빼앗으며 간음하고 살생하여 온갖 악을 다 지었으며 일체 중생에게도 다 또한 이와 같이 해서 온갖 번뇌로 여러 가지 악을 다 지었느니라. 그러므로 각각 서로 공경하지 아니하고, 존중하지도 아니하고, 순종하지도 아니하고, 겸손하지도 아니하고, 서로 계도啓導하지도 아니하고, 서로 보호하고 아끼지도 아니하며, 서로 살해해서 서로가 원수가 되었느니라.'라고 하느니라."

보살은 세세생생 살아온 삶에 대해서 반성한다. 불교를 공부하는 불자들도 기억하는 일이든 기억하지 못하는 일이든 불법 안에서 참회하는 법을 이해한 이상 언제나 지난날을 부끄러워하고 참회하는 자세가 중요하다. 이와 같은 보살의 마음 자세를 밝혔다.


### (3) 부끄러운 상을 나타내다

자유아신  급제중생  거래현재  행무참법
**自惟我身**과 **及諸衆生**이 **去來現在**에 **行無慚法**을

삼세제불  무부지견  금약부단차무참행
**三世諸佛**이 **無不知見**하시나니 **今若不斷此無慚行**

삼세제불  역당견아  아당운하유행부
이면 **三世諸佛**이 **亦當見我**하시리니 **我當云何猶行不**

지  심위불가  시고  아응전심단제  증
**止**리오 **甚爲不可**로다 **是故**로 **我應專心斷除**하고 **證**

아뇩다라삼먁삼보리  광위중생  설진실
**阿耨多羅三藐三菩提**하야 **廣爲衆生**하야 **說眞實**

법  시명보살마하살  제삼참장
**法**이라하나니 **是名菩薩摩訶薩**의 **第三慚藏**이니라

"스스로 생각하건대 '나의 몸과 모든 중생이 과거와 미래와 현재에 부끄러움이 없는 법 행하기를 삼세의 모든 부처님이 알고 보지 않으심이 없나니, 이제 만약 이 부끄러운 줄 모르는 행을 끊지 아니하면 삼세의 모든 부처님이 또한 나를 보시리라. 내가 어찌 아직도 행하면서 끊지 아니하리오. 매우 옳지 못한 일이로다. 그러므로 나는 응당 일심으로 끊어서 제거하고 아뇩다라삼먁삼보리를 증득해서 널리 중생들을 위하여 진실한 법을 설하리라.'라고 하나니, 이것의 이름이 보살마하살의 제3 참장慚藏이니라."

지난 세상 세세생생을 살아오면서 저지른 일에 대하여 왜 부끄러워해야 하는가를 밝혔다. "아무리 비밀한 일이라도 모든 일은 내가 알고 네가 알고 하늘이 안다."라는 말이 있다. 중생이 하는 일을 삼세의 부처님이 다 알고 있다고 생각한다면 다시 또 악을 지을 수는 없을 것이다. 그러므로 지난 악은 끊어 제거하고 최상의 깨달음을 증득하여 널리 중생을 위하여 진실한 법을 설할 것을 서원하여야 할 것이다.

## 4) 괴장愧藏을 설하다

### (1) 과거 부끄러웠던 일을 생각하여 수행하다

佛<sub>불</sub>子<sub>자</sub>야 何<sub>하</sub>等<sub>등</sub>이 爲<sub>위</sub>菩薩摩訶薩<sub>보살마하살</sub>의 愧藏<sub>괴장</sub>고 此<sub>차</sub>菩薩<sub>보살</sub>이 自<sub>자</sub>愧<sub>괴</sub>昔<sub>석</sub>來<sub>래</sub>로 於<sub>어</sub>五欲<sub>오욕</sub>中<sub>중</sub>에 種種<sub>종종</sub>貪求<sub>탐구</sub>하야 無<sub>무</sub>有<sub>유</sub>厭<sub>염</sub>足<sub>족</sub> 일새 因<sub>인</sub>此<sub>차</sub>增長<sub>증장</sub>貪恚癡<sub>탐에치</sub>等<sub>등</sub>의 一切煩惱<sub>일체번뇌</sub>니 我<sub>아</sub>今<sub>금</sub>不應<sub>불응</sub> 復<sub>부</sub>行<sub>행</sub>是<sub>시</sub>事<sub>사</sub>라하나니라

"불자들이여, 무엇이 보살마하살의 괴장愧藏인가. 이 보살은 스스로 부끄러워하기를 '옛적부터 오욕락五欲樂 가운데서 가지가지로 탐하여 만족할 줄을 모르며, 그로 인해 탐내고 성내고 어리석은 온갖 번뇌를 증장增長하였으니, 내가 이제 다시는 그런 일을 행하지 아니하리라.' 하느니라."

과거에 저지른 일을 생각하여 부끄럽지 않도록 다짐하는 것이 괴장愧藏이다. 그러나 여러 가지 이설이 있다. 청량

스님은 "참慚과 괴愧가 서로 다르니 여러 설명이 다르다. 열반경에는 '참은 하늘에 부끄러워함이고, 괴는 사람에게 부끄러워함이다. 또 참은 스스로 악을 짓지 않는 것이고, 괴는 다른 사람에게 악을 짓지 않는 것이다. 또 참은 속으로 스스로 부끄러워함이고, 괴는 드러내어 다른 사람에게 부끄러워함이다.'라고 하였으며 유가瑜伽 44에 '안으로 부끄러워하는 것을 참이라 하고, 밖으로 부끄러워하는 것을 괴라 한다.'"라고 하였다.[3]


### (2) 중생을 해치고도 부끄러워함이 없다

우 작 시 념     중 생     무 지     기 제 번 뇌     구
又作是念호대 衆生이 無智하야 起諸煩惱하야 具

행 악 법     불 상 공 경     불 상 존 중     내 지 전 전
行惡法하야 不相恭敬하고 不相尊重하며 乃至展轉

호 위 원 수     여 시 등 악     무 불 비 조     조 이 환
互爲怨讐하야 如是等惡을 無不備造하고 造已歡

---

[3] (一)標章者 : 然慚愧相別, 諸說不同. 涅槃云 '慚者羞天, 愧者羞人. 慚者自不作惡, 愧者不教他作. 慚者內自羞恥, 愧者發露向人.' 瑜伽四十四亦云 '內生羞恥爲慚, 外生羞恥爲愧.'

희     추구칭탄      맹무혜안     무소지견
**喜**하야 **追求稱歎**하며 **盲無慧眼**하야 **無所知見**하나니라

"또 생각하기를 '중생들이 지혜가 없어서 온갖 번뇌를 일으켜서 여러 가지 악한 법을 모두 행해서 서로 공경하지 아니하고, 서로 존중하지 아니하며, 내지 더욱 더 서로 원수가 되나니, 이러한 악한 일을 짓지 않은 것이 없으며, 짓고 나서는 기뻐해서 서로 칭찬하기를 바라며, 맹인이 되어 지혜의 눈이 없어서 지견知見이 없었느니라.'라고 하느니라."

중생들이 일상에서 행하는 일들을 적나라하게 밝혔다. 그 모든 악은 지혜가 없어서 짓게 되는 것이다. 만약 지혜가 있다면 그와 같은 악을 짓지 아니하리라. 그러므로 불교에서는 가장 힘주어 역설하는 것이 지혜다.


(3) 세간사를 돌아보아 부끄러워하는 행을 닦다

어 모인복중      입태수생       성구예신      필
**於母人腹中**에 **入胎受生**하야 **成垢穢身**하야 **畢**

竟至於髮白面皺하나니 有智慧者는 觀此에 但是從
婬欲生不淨之法이라 三世諸佛이 皆悉知見하시나니
若我於今에 猶行是事하면 則爲欺誑三世諸佛이라
是故로 我當修行於愧하야 速成阿耨多羅三藐三
菩提하고 廣爲衆生하야 說眞實法이라하나니 是名菩
薩摩訶薩의 第四愧藏이니라

"'어머니의 배 속에 들어가고 태어나며, 더러운 몸을 받아서 필경에는 머리는 희고 얼굴은 쭈그러지게 되나니, 지혜 있는 이가 이것을 보고는 다만 이것은 음욕으로 생기는 청정하지 못한 법이므로 삼세의 모든 부처님이 다 아신다. 만약 내가 이제 이러한 일을 오히려 행한다면 삼세의 모든 부처님을 속이는 것이라. 그러므로 내가 마땅히 부끄러워하는 행을 닦아서 아뇩다라삼먁삼보리를 빨리 이루고 널리 중생을 위하여 진실한 법을 설하리라.' 하나니 이것의 이름이 보살마하살의 제4 괴장愧藏이니라."

보살이 또 스스로 생각한 내용들이다. 불교적 관점에서 평범한 인생사를 돌아보면 하나하나가 참으로 부끄럽기 그지없다. 그러므로 앞으로 더 이상은 이와 같은 삶을 반복하지 않으리라고 다짐하는 것이다. 오로지 중생을 위하여 진실한 법을 설하여 깨우쳐 주리라.

### 5) 문장聞藏을 설하다

#### (1) 보살이 온갖 법을 들어서 알다

佛子<sub>야</sub> 何等<sub>이</sub> 爲菩薩摩訶薩<sub>의</sub> 聞藏<sub>고</sub> 此菩薩<sub>이</sub>
불자 하등 위보살마하살 문장 차보살

知是事<sub>가</sub> 有故<sub>로</sub> 是事<sub>가</sub> 有<sub>하고</sub> 是事<sub>가</sub> 無故<sub>로</sub> 是
지시사 유고 시사 유 시사 무고 시

事<sub>가</sub> 無<sub>하며</sub> 是事<sub>가</sub> 起故<sub>로</sub> 是事<sub>가</sub> 起<sub>하고</sub> 是事<sub>가</sub> 滅
사 무 시사 기고 시사 기 시사 멸

故로 是事가 滅하며 是世間法이요 是出世間法이며 是有爲法이요 是無爲法이며 是有記法이요 是無記法이니라

"불자들이여, 무엇이 보살마하살의 문장聞藏인가. 이 보살이 이 일이 있으므로 이 일이 있고, 이 일이 없으므로 이 일이 없으며, 이 일이 일어나는 고로 이 일이 일어나고, 이 일이 소멸하는 고로 이 일이 소멸하며, 이것은 세간법世間法이요 이것은 출세간법出世間法이며, 이것은 유위법有爲法이요 이것은 무위법無爲法이며, 이것은 기록할 수 있는 법이요 이것은 기록할 수 없는 법임을 아느니라."

문장聞藏이란 보살이 교법에 대하여 많이 듣고 많이 아는 것을 뜻한다. 앞의 네 구절은 불교의 근본 교설인 일체 존재의 있음과 없음과 일어남과 소멸함의 연기법을 들어서 아는 것을 밝혔다.

잡아함경 20에 "연기법은 내가 만든 것도 아니고 그 누가 만든 것도 아니다. 그러므로 그것은 여래의 존재와 무관하게 법계에 항상 머물러 있다. 여래는 이 법을 스스로 깨닫고 깨달음을 완성한 뒤에 중생들을 위하여 분별해서 연설하고 이를 드러내 보이시니, 이것이 있기 때문에 저것이 있고 이것이 일어나기 때문에 저것이 일어난다는 것이다."[4]라고 하였다. 그러므로 일체 존재는 모두가 독립적으로 존재하는 것은 없으며, 합성된 것이며 관계에서만 존재하는 것이라는 점을 밝혔다.

다음에는 유루오온有漏五蘊과 무루오온無漏五蘊과 유위有爲와 무위無爲와 유기有記와 무기無記의 법을 들어서 안다는 것[5]을 밝혔다.

---

4) 緣起法者는 非我所作이요, 亦非餘人作이니 然彼如來出世及未出世나 法界當住이니라. 彼如來는 自覺此法하여 成等正覺하고 爲諸衆生하여 分別演說하고 開發顯示하나니 所謂此有故로 彼有하며 此起故로 彼起니라.〈잡아함경 20권〉

5) 標章者: 句雖有十. 義束爲七: 初之四句, 但是緣生故: 謂一, 緣生. 二, 有漏五蘊. 三, 無漏五蘊. 四, 有爲. 五, 無爲. 六, 有記. 七, 無記.〈청량 소〉

## (2) 인연으로 유무 생멸하는 법

何等이 爲是事有故로 是事有오 謂無明이 有故로
行有니라 何等이 爲是事無故로 是事無오 謂識無
故로 名色이 無니라 何等이 爲是事起故로 是事起오
謂愛起故로 苦起니라 何等이 爲是事滅故로 是事
滅고 謂有滅故로 生滅이니라

 "어떤 것이 이 일이 있으므로 이 일이 있음인가. 말하자면 무명無明이 있으므로 행行이 있음이니라. 어떤 것이 이 일이 없으므로 이 일이 없음인가. 말하자면 식識이 없으므로 명색名色이 없음이니라. 어떤 것이 이 일이 일어나는 고로 이 일이 일어남인가. 말하자면 애愛가 일어나므로 고苦가 일어남이니라. 어떤 것이 이 일이 소멸하므로 이 일이 소멸함인가. 말하자면 유有가 소멸하므로 생生이 소멸함이니라."

문장聞藏의 열 가지 법 중에 앞의 네 구절은 연기법을 들었다. 네 구절의 연기법을 하나하나 설명한다. 연기법이란 일체 법, 일체 존재에 다 해당하는 법이지만 일체 법 중에 사람의 열두 가지 인연생기하는 법이 가장 근본이 되므로 12인연을 간략히 들었다. 그리고 이 12인연은 모두가 다 낱낱이 있으므로 있고, 없으므로 없고, 일어나므로 일어나고, 소멸하므로 소멸한다. 즉 무명, 행, 식, 명색, 육입, 촉, 수, 애, 취, 유, 생, 노사 등이 서로서로 연관관계에 의해서 있기도 하고, 없기도 하고, 생기기도 하고, 소멸하기도 한다는 것을 밝혔다.

### (3) 세간世間의 법

**何等**이 **爲世間法**고 **所謂色受想行識**이니라

"어떤 것이 세간법인가. 이른바 색色과 수受와 상想과 행行과 식識이니라."

세간世間의 법이란 사람의 오온을 단순하게 오온으로만

관찰하는 경우에는 곧 세간법이 된다.


(4) 출세간出世間의 법

**何等**이 **爲出世間法**고 **所謂戒定慧解脫解脫知見**이니라

"어떤 것이 출세간법인가. 이른바 계戒와 정定과 혜慧와 해탈解脫과 해탈지견解脫知見이니라."

출세간出世間의 법이란 오온을 단순하게 오온으로만 관찰하지 아니하고 오온을 굴려서 오분법신五分法身으로 만들면 그것이 곧 출세간의 법이 된다. 오온으로 구성된 사람의 몸과 마음을 떠나서 달리 무슨 출세간법이 있겠는가. 계와 정과 혜를 불교의 삼학이라 한다. 이 삼학을 잘 닦아서 해탈을 얻게 되고, 해탈을 얻고 나서는 다른 모든 중생들도 다 같이 해탈을 얻게 하기 위해서 보살행으로 실현하는 것이 해탈지견解脫知見이다. 이것이 출세간법이며, 불교를 가장 간단

하고 명료하게 설명한 것이다.


### (5) 함이 있는 법[有爲法]

**何等**이 **爲有爲法**고 **所謂欲界**와 **色界**와 **無色界**와 **衆生界**니라

"어떤 것이 유위법인가. 이른바 욕계欲界와 색계色界와 무색계無色界와 중생계衆生界이니라."

청량스님은 유위법을 유가론과 지도론을 인용하여 밝혔다. "유위법이란 유가론 1백에 이르되 '생멸이 있어서 인연에 얽힌 것을 유위라 한다.' 하였고, 지도론에 이르되 '얻은 바가 있기 때문에 유위라 한다.'라고 하였다."[6]

---

6) 有爲法者 : 瑜伽一百云 '有生滅 繫屬因緣 是名有爲'. 智論云 '有所得故 是名有爲'.

### (6) 함이 없는 법[無爲法]

何等이 爲無爲法고 所謂虛空과 涅槃과 數緣滅과
非數緣滅과 緣起와 法性住니라

"어떤 것이 무위법인가. 이른바 허공과 열반과 헤아림의 인연으로 소멸함과 헤아림의 인연이 아님으로 소멸함과 연기緣起와 법성주法性住이니라."

허공은 조작할 수 있는 것이 아니므로 무위법이다. 열반도 본래 존재하는 것이지 만들어서 생긴 것이 아니므로 무위법이다. 헤아림의 인연이 소멸하고 헤아림의 인연이 아님도 소멸한 경지는 무위법이다. 연기도 누가 만든 법이 아니다. 다만 세존이 이미 존재하는 이치를 발견했을 뿐이다. 법성주法性住란 진여를 말한다. 모두가 조작하여 있는 것이 아니므로 무위법에 속한다.

## (7) 기록할 수 있는 법[有記法]

何等이 爲有記法고 謂四聖諦와 四沙門果와 四辯과 四無所畏와 四念處와 四正勤과 四神足과 五根과 五力과 七覺分과 八聖道分이니라

"어떤 것이 기록할 수 있는 법인가. 말하자면 사성제四聖諦와 사사문과四沙門果와 사변四辯과 사무소외四無所畏와 사념처四念處와 사정근四正勤과 사신족四神足과 오근五根과 오력五力과 칠각분七覺分과 팔성도분八聖道分이니라."

기록할 수 있는 법이란 고집멸도와 수다원, 사다함, 아나함, 아라한과와 법무애, 의무애, 사무애, 요설무애와 일체지一切智무소외, 누진漏盡무소외, 설장도說障道무소외, 설출도說出道무소외와 신념처身念處, 수受념처, 심心념처, 법法념처와 율의단律儀斷, 단단斷斷, 수호단隨護斷, 수단修斷과 욕欲여의족, 정진精進여의족, 심心여의족, 사유思惟여의족과 신근信根, 정진근精進根, 염근念根, 정근定根, 혜근慧根과 신력信力, 정진력精進力,

염력念力, 정력定力, 혜력慧力과 택법각분擇法覺分, 정진精進각분, 희喜각분, 제除각분, 사捨각분, 정定각분, 염念각분과 정견正見, 정사유正思惟, 정어正語, 정업正業, 정명正命, 정정진正精進, 정념正念, 정정正定이다.


(8) 기록할 수 없는 법[無記法]

1〉 아我에 나아가서 무기無記를 밝히다

何等이 爲無記法고 謂世間有邊과 世間無邊과 世間亦有邊亦無邊과 世間非有邊非無邊과 世間有常과 世間無常과 世間亦有常亦無常과 世間非有常非無常과 如來滅後有와 如來滅後無와 如來滅後亦有亦無와 如來滅後非有非無와 我及衆生有와 我及衆生無와 我及衆生亦有亦無와 我

급 중 생 비 유 비 무
**及衆生非有非無**니라

"어떤 것이 기록함이 없는 법인가. 말하자면 세간이 끝이 있음과 끝이 없음과, 세간이 또한 끝이 있고 또한 끝이 없음과, 세간이 끝이 있음이 아님과 끝이 없음이 아님과, 세간이 항상함이 있음과 항상함이 없음과, 세간이 또한 항상함이 있고 또한 항상함이 없음과, 세간이 항상함이 있음이 아니며 항상함이 없음이 아님과, 여래가 열반하신 뒤에 있음과 여래가 열반하신 뒤에 없음과, 여래가 열반하신 뒤에 또한 있고 또한 없음과, 여래가 열반하신 뒤에 있음이 아니고 없음이 아님과, 나와 중생이 있음과 나와 중생이 없음과, 나와 중생이 또한 있고 또한 없음과 나와 중생이 있음이 아니며 없음이 아님이니라."

기록할 수 없는 법[無記法]이란 세간법이나 출세간법을 있다거나 없다고 분명하게 명기할 수 없다는 사실을 밝힌 것이다. 실로 확정하여 있는 것은 무엇이며 확정하여 없는 것은 무엇인가. 있음도 아니고 없음도 아니다. 경문이 비록 열

여섯 구절로 산만하게 설하고 있으나 결국 유와 무의 두 가지 견해며, 단斷과 상常의 두 가지 견해뿐이다. 그 두 가지 견해로 기록할 수 없다는 것을 밝혔다.


### 2) 범부와 성인에 나아가서 무기를 밝히다

過去에 有幾如來의 般涅槃과 幾聲聞辟支佛의 般涅槃이며 未來에 有幾如來와 幾聲聞辟支佛과 幾衆生이며 現在에 有幾佛住와 幾聲聞辟支佛住와 幾衆生住니라

"과거에 몇 분의 여래가 열반에 듦과, 몇 성문聲聞, 벽지불辟支佛이 열반에 듦이 있으며, 미래에 몇 분의 여래와 몇 성문, 벽지불과 몇 중생이 있으며, 현재에 몇 분의 부처님이 머물러 있고, 몇 성문, 벽지불이 머물러 있고, 몇 중생이 머물러 있느니라."

과거 미래 현재의 성인과 범부의 숫자의 많고 적음을 거리낌 없이 멋대로 논하는 사람에게 나아가서 무기를 밝혔다. 거리낌 없이 멋대로 논하는 일이 끝이 없으므로 기록할 수 없다.

### 3〉 선후의 범부와 성인에 나아가서 무기를 밝히다

何等如來<sub>가</sub> 最先出<sub>이며</sub> 何等聲聞辟支佛<sub>이</sub> 最先出<sub>이며</sub> 何等衆生<sub>이</sub> 最先出<sub>이며</sub> 何等如來<sub>가</sub> 最後出<sub>이며</sub> 何等聲聞辟支佛<sub>이</sub> 最後出<sub>이며</sub> 何等衆生<sub>이</sub> 最後出<sub>이며</sub> 何法<sub>이</sub> 最在初<sub>며</sub> 何法<sub>이</sub> 最在後<sub>오</sub>

"어떠한 여래가 가장 먼저 났으며, 어떠한 성문, 벽지불이 가장 먼저 났으며, 어떠한 중생이 가장 먼저 났으며, 어떠한 여래가 가장 뒤에 나며, 어떠한 성문, 벽지불이 가장 뒤에 나며, 어떠한 중생이 가장 뒤에 나며, 무슨 법이 가장 먼저 있었으며, 무슨 법이 가장 뒤에 있는가?"

여래와 성문, 벽지불, 중생 그리고 법까지 들어서 선과 후를 논하여 기록할 수 없음을 밝혔다.


4〉 세계에 나아가서 무기를 밝히다

世間이 從何處來며 去至何所며 有幾世界成이며
<sub>세 간</sub> <sub>종 하 처 래</sub> <sub>거 지 하 소</sub> <sub>유 기 세 계 성</sub>

有幾世界壞며 世界가 從何處來며 去至何所오
<sub>유 기 세 계 괴</sub> <sub>세 계</sub> <sub>종 하 처 래</sub> <sub>거 지 하 소</sub>

"세간은 어느 곳에서 왔으며, 어느 곳으로 가며, 몇 세계가 이루어지며, 몇 세계가 파괴되며, 세계는 어느 곳에서 왔으며, 어느 곳으로 가는 것인가?"

세간이 온 곳과 가는 곳과 세계의 이루어지고 무너지는 것과 세계가 온 곳과 가는 곳은 전혀 기록할 수 없는 것들이다.

5) 생과 사의 경계선에 나아가서 무기를 밝히다

何者가 爲生死最初際며 何者가 爲生死最後際오
是名無記法이니라

"무엇이 생사生死의 가장 처음의 경계며, 무엇이 생사의 가장 뒤의 경계인가? 이것의 이름이 기록함이 없는 법[無記法]이니라."

생사가 유유하여 정지함이 없거늘 앞과 뒤의 경계를 어떻게 기록할 것인가? 어떻게 보면 이치에 당하지도 않는 말을 하여 혼란하게만 하였다. 이와 같은 것은 전혀 기록할 수 없는 법들이다.


(9) 많이 들어 아는 뜻을 나타내다

菩薩摩訶薩이 作如是念호대 一切衆生이 於生死中에 無有多聞하야 不能了知此一切法하나니 我

當발의            지다문장           증아뇩다라삼먁삼보
當發意하야 持多聞藏하야 證阿耨多羅三藐三菩

리       위제중생       설진실법           시명보살
提하고 爲諸衆生하야 說眞實法이라하나니 是名菩薩

마하살   제오다문장
摩訶薩의 第五多聞藏이니라

"보살마하살이 이러한 생각을 하되 '일체 중생이 생사 가운데서 많이 듣지 못해서 이 모든 법을 잘 알지 못하나니, 내가 마땅히 뜻을 내어 많이 듣는 장을 가져서 아뇩다라삼먁삼보리를 증득하고 모든 중생들을 위해서 진실한 법을 설하리라.' 하나니 이것의 이름이 보살마하살의 제5 다문장多聞藏이니라."

다문장多聞藏이란 진리의 가르침을 선지식으로부터 많이 듣고, 많이 배우고, 많이 읽고, 많이 느끼고, 많이 깨달아서 궁극에는 최상의 깨달음을 증득하여 모든 중생을 위해서 진실한 법을 널리 설한다는 것이다. 불교인은 무엇보다 부처님의 가르침을 많이 듣고 많이 읽어서 많이 아는 것이 첫째 과제다. 불립문자不立文字라 하여 아예 처음부터 문자로 된

가르침을 멀리한다는 뜻이 아니라, 문자를 공부하되 문자에 집착하지 말고 문자를 통해서 문자가 가리키는 뜻을 깨달아야 한다는 의미다. 달을 가리키는 방편을 이용하여 달을 보라는 뜻이다.

지공誌公화상의 대승찬大乘讚에는 "만약 도의 참본체를 깨닫고자 한다면 소리와 물질과 언어를 제거하지 말라. 언어가 즉시 큰 도다. 번뇌도 끊어서 제거할 것이 아니다. 번뇌는 본래 공적한 것이니라."[7]라고 하였다. 이와 같은 차원은 아니더라도 많이 듣고 많이 읽는 것을 통해서 불법을 바르게 아는 것은 더없이 중요한 일이다.

### 6) 시장施藏을 설하다

(1) 열 가지 보시布施의 이름

불자 　　하등　　위보살마하살　　시장　　차보살
佛子야 何等이 爲菩薩摩訶薩의 施藏고 此菩薩이

---

7) 若欲悟道眞體 莫除聲色言語 言語卽是大道 不可斷除煩惱 煩惱本來空寂.

행 십 종 시      소 위 분 감 시    갈 진 시    내 시    외
**行十種施**하나니 **所謂分減施**와 **竭盡施**와 **內施**와 **外**

시    내 외 시    일 체 시    과 거 시    미 래 시    현 재
**施**와 **內外施**와 **一切施**와 **過去施**와 **未來施**와 **現在**

시    구 경 시
**施**와 **究竟施**니라

"불자들이여, 무엇이 보살마하살의 시장施藏인가. 이 보살은 열 가지 보시를 행하나니 이른바 분감시分減施와 갈진시竭盡施와 내시內施와 외시外施와 내외시內外施와 일체시一切施와 과거시過去施와 미래시未來施와 현재시現在施와 구경시究竟施니라."

열 가지 무진장 중에서 시장施藏이란 보살의 제일 덕목인 보시를 말한다. 보시는 불교 수행의 제일 항목이며 지혜와 자비를 몸소 실천하는 구체적인 일이다. 그러므로 보시를 실천하지 않고 지혜와 자비를 논할 수 없다. 보시를 실천하지 않고 불교를 논할 수 없다. 어떤 경전을 공부하든지 보시를 빼고는 이야기할 것이 없다. 특히 바람직한 불교, 이상적인 불교인 대승불교에서는 더욱 그렇다. 일체 보살행의 제일 조

건이 곧 보시다. 그러므로 여기에서 더욱 철저하게 하기 위해서 열 가지의 보시를 설하였다.


### (2) 나누어 주는 보시[分減施]

불자야 운하위보살의 분감시오 차보살이 품성
佛子야 云何爲菩薩의 分減施오 此菩薩이 稟性
인자하야 호행혜시라 약득미미하면 부전자수하고
仁慈하야 好行惠施라 若得美味하면 不專自受하고
요여중생연후에 방식하며 범소수물도 실역여시니라
要與衆生然後에 方食하며 凡所受物도 悉亦如是니라

"불자들이여, 무엇을 보살의 나누어 주는 보시[分減施]라 하는가. 이 보살은 성품이 인자해서 보시하기를 좋아하며, 만약 맛있는 음식이 있으면 오로지 스스로 먹지 아니하고 중생에게 나누어 준 뒤에 바야흐로 먹으며, 무릇 남에게 받은 물건도 다 모두 그렇게 하느니라."

맛있는 음식이나 그 외 일체의 물건들도 다 같이 나누어 먹고 나누어 쓰라는 가르침이다. 자신이 본래 가지고 있던 것이든 지금 막 생긴 것이든 보살은 항상 나누어 주는 습관을 길러야 한다.

若自食時<sub>엔</sub> 作是念言<sub>호대</sub> 我身中<sub>에</sub> 有八萬戶
蟲<sub>이</sub> 依於我住<sub>하야</sub> 我身充樂<sub>하면</sub> 彼亦充樂<sub>하고</sub> 我
身飢苦<sub>하면</sub> 彼亦飢苦<sub>하나니</sub> 我今受此所有飮食<sub>을</sub>
願令衆生<sub>으로</sub> 普得充飽<sub>하야</sub> 爲施彼故<sub>로</sub> 而自食
之<sub>요</sub> 不貪其味<sub>라하며</sub>

"만약 스스로 먹을 때에는 이러한 생각을 하되 '나의 몸 가운데에 팔만의 벌레가 나를 의지해서 머무나니, 내 몸이 충족해서 즐거우면 그들도 또한 충족해서 즐거워한다. 나의 몸이 굶주리고 괴로우면 그들도 또한 굶주리고 괴로워한다. 내가 지금 받은 이 음식을 원컨대 중생들에게 널리 충족하고 배부르게 해서 그들에게 베풀기를 위하는 고로 스스로 먹는 것이요, 그 맛을 탐하는 것은 아니니라.'라고 하느니라."

보살이 자신의 신체에 또 다른 수많은 생명체가 있음을 생각하는 내용이다. 실로 우리들의 몸은 60조의 세포로 구성되어 있다. 다시 또 그 세포 하나하나마다 60조의 세포가 있어서 모두 3600조의 세포로 되어 있는 것이 사람의 육신이다. 어쩌면 더 세분화할 수도 있을 것이다. 그러므로 우리가 굶거나 배가 부르거나, 기뻐하거나 슬퍼하거나, 존경을 표하거나 화를 내거나 하는 것은 한 인간이 그렇게 하는 것이 아니라 3600조의 생명이 함께하는 것이라는 사실을 알아야 한다. 보살은 배불리 먹거나 기뻐하거나 모두 3600조의 생명을 위해서 하는 것으로 여겨야 한다.

復作是念<sub>호대</sub> 我於長夜<sub>에</sub> 愛着其身<sub>하야</sub> 欲令
充飽<sub>하야</sub> 而受飮食<sub>일새</sub> 今以此食<sub>으로</sub> 惠施衆生<sub>하야</sub>

원아어신　　영단탐착　　　시명분감시
**願我於身**에 **永斷貪着**이라하나니 **是名分減施**니라

　"다시 또 이러한 생각을 하되 '내가 긴 세월 동안 그 몸을 애착해서 배를 불리려고 음식을 받았으니 이제 이 음식으로 중생들에게 베풀어서 나의 몸에는 길이 탐욕과 애착을 끊으리라.' 하나니 이것의 이름이 나누어 주는 보시[分減施]이니라."

　보살은 식사를 하거나 잠을 자거나 참회를 하거나 예배를 하거나 일체를 뭇 생명을 위해서 하는 것이라는 굳은 신념으로 해야 한다.


### (3) 전부 다하는 보시[竭盡施]

운하위보살　　갈진시　불자　　차보살　　득종
**云何爲菩薩**의 **竭盡施**오 **佛子**야 **此菩薩**이 **得種**

종상미음식　　향화의복자생지구　　　약자이수
**種上味飮食**과 **香華衣服資生之具**하야 **若自以受**

용　　　즉안락연년　　　약철기시인　　　즉궁고요
**用**하면 **則安樂延年**이요 **若輟己施人**하면 **則窮苦夭**

命이라도 時或有人이 來作是言호대 汝今所有를 悉當與我하라하면 菩薩이 自念호대 我無始已來로 以飢餓故로 喪身無數호대 未曾得有如毫末許도 饒益衆生하야 而獲善利니 今我亦當同於往昔하야 而捨其命이라 是故로 應爲饒益衆生하야 隨其所有하야 一切皆捨하며 乃至盡命하야도 亦無所悋이라하나니 是名竭盡施니라

"무엇이 보살의 전부 다하는 보시[竭盡施]인가. 불자들이여, 이 보살이 갖가지 맛좋은 음식과 향과 꽃과 의복과 생활을 돕는 물건을 얻었을 때에 만약 스스로 받아서 쓰면 안락하여 오래 살 것이요 만약 다른 사람에게 나누어 주면 자신은 곤궁하고 고통스러워 빨리 죽게 될지라도, 그때에 혹 어떤 사람이 와서 이러한 말을 하되

'그대가 지금 가진 것을 나에게 다 주십시오.'라고 하면 보살이 스스로 생각하되 '내가 오랜 옛적부터 주린 연고로 몸을 버린 것이 그 수가 없었으나 일찍이 터럭 끝만큼도 중생을 요익하게 하여 좋은 이익을 얻은 적이 없었으니, 지금 내가 또한 마땅히 지난 옛적과 같이 목숨을 버리게 되리라. 그러므로 마땅히 중생을 이익하게 하기 위해서 그 가진 것을 모두 다 주며 내지 목숨이 다하더라도 아끼는 바가 없으리라.' 하나니 이것의 이름이 전부 다하는 보시[竭盡施]이니라."

전부 다하는 보시인 갈진시竭盡施는 어떤 경우라도 중생을 이익하게 하기 위해서 그 가진 것을 모두 다 주며 내지 목숨이 다하더라도 아끼는 바가 없이 일체를 다 보시하는 것을 말한다.

### (4) 속보시[內施]

운 하 위 보 살　　내 시　　불 자　　차 보 살　　연 방 소
云何爲菩薩의 內施오 佛子야 此菩薩이 年方少

盛에 端正美好하며 香華衣服으로 以嚴其身하고 始

受灌頂轉輪王位하야 七寶具足하야 王四天下어든

時或有人이 來白王言호대 大王아 當知하라 我今衰

老하야 身嬰重疾하고 煢獨羸頓하야 死將不久어니와

若得王身의 手足血肉과 頭目骨髓인댄 我之身命이

必冀存活이로소니 唯願大王은 莫更籌量하야 有所

顧惜하고 但見慈念하야 以施於我하라하면 爾時菩薩이

作是念言호대 今我此身이 後必當死라 無一利益이니

宜時疾捨하야 以濟衆生이라하고 念已施之하야 心無

所悔하나니 是名內施니라

"무엇이 보살의 속보시[內施]인가. 불자들이여, 이 보살이 나이가 한창 젊어서 단정하고 아름다우며 향과 꽃과 의복으로 그 몸을 꾸미고 비로소 관정灌頂하고 전륜왕의 지위에 올라서 칠보가 구족하고 사천하를 다스릴 때에, 그때에 혹 어떤 사람이 와서 왕에게 말하기를 '대왕이여, 마땅히 아소서. 나는 지금 노쇠하여 몸에 무거운 병이 들었으며 외롭고 여위고 지쳐서 곧 죽게 되거니와 만약 대왕의 몸에서 손발과 피와 살과 머리와 눈과 골수를 얻는다면 나의 목숨은 반드시 다시 살아날 것입니다. 오직 원하노니 대왕은 더 생각하거나 돌아보거나 아끼지 마시고 다만 자비한 마음으로 나에게 보시하소서.'라고 하면 그때에 보살이 이러한 생각을 하되, '지금 나의 이 몸이 뒤에는 반드시 죽으리라. 하나도 이익이 없으리니 마땅한 때에 빨리 보시해서 중생을 구제하리라.' 하고 나서 그에게 베풀어서 마음에 후회함이 없나니, 이것의 이름이 속보시[內施]이니라."

속보시[內施]란 아무리 존귀한 지위에 있더라도 내 몸을 아무에게나 다 보시하는 것을 말한다. 청량스님은 "제3 내

시란 내 몸을 보시하는 것이라 한다. '외로울 경煢'은 혼자라는 뜻이다. 옥편에 형제가 없는 것을 경煢이라 하고 자식이 없는 것을 홀로[獨]라 하고 돈頓이란 손실[損]이라 하고 기冀란 바란다는 뜻이다."[8]라고 하였다.

### (5) 겉보시[外施]

云何爲菩薩의 外施오 佛子야 此菩薩이 年盛色
운하위보살　외시　불자　차보살　연성색

美하야 衆相具足하며 名華上服으로 而以嚴身하고
미　　중상구족　　명화상복　　이이엄신

始受灌頂轉輪王位하야 七寶具足하야 王四天下어든
시수관정전륜왕위　　칠보구족　　왕사천하

時或有人이 來白王言호대 我今貧寠하야 衆苦逼迫
시혹유인　내백왕언　아금빈구　중고핍박

이로소니 惟願仁慈는 特垂矜念하사 捨此王位하야 以
　　　　유원인자　특수긍념　　사차왕위

---

8) 第三內施 謂內身也. 煢者單也. 玉篇云無兄曰煢, 無子曰獨. 頓者, 損也. 冀者, 望也.

섬 어 아　　　아 당 통 령　　수 왕 복 락　　　　이 시
**贍於我**하소서 **我當統領**하야 **受王福樂**이라하면 **爾時**

보 살　작 시 념 언　　일 체 영 성　　필 당 쇠 헐　　어
**菩薩**이 **作是念言**호대 **一切榮盛**이 **必當衰歇**이라 **於**

쇠 헐 시　불 능 부 갱 요 익 중 생　　아 금 의 응 수 피
**衰歇時**엔 **不能復更饒益衆生**이니 **我今宜應隨彼**

소 구　　충 만 기 의　　　작 시 념 이　　즉 변 시 지
**所求**하야 **充滿其意**라하고 **作是念已**하고 **卽便施之**하야

이 무 소 회　　　시 명 외 시
**而無所悔**하나니 **是名外施**니라

　"무엇을 보살의 겉보시[外施]라 하는가. 불자들이여, 이 보살이 나이가 젊고 용모가 단정하여 여러 몸매가 구족하였으며, 훌륭한 꽃과 좋은 의복으로 몸을 장엄하고 처음으로 관정灌頂하여 전륜왕이 되어 칠보가 구족하고 사천하를 통치할 적에, 그때에 혹 어떤 사람이 와서 말하기를 '나는 지금 곤궁하고 여러 가지 고통이 핍박하오니, 바라옵건대 인자하신 분께서는 특별히 불쌍히 여기사 이 왕의 자리를 나에게 주시면, 내가 이 천하를 거느리고 임금의 복락을 받겠나이다.'라고 한다면, 이때 보살이 생각하되 '모든 영화는 반드시 쇠하는 것이

요, 쇠하게 되면 다시는 중생에게 이익을 줄 수 없나니, 내가 이제 마땅히 저 사람의 요구를 따라서 그 뜻을 만족케 하리라.' 생각하고 곧 보시하여 주고 후회하는 마음이 없나니, 이것의 이름이 겉보시[外施]이니라."

겉보시[外施]란 세상 사람들이 다 바라는 왕의 지위를 보시하는 것을 말한다. 역사적으로 볼 때 얼마나 많은 사람들이 이 왕위를 차지하려고 수많은 전쟁을 일으켰으며, 또 얼마나 많은 무고한 생명을 빼앗았는가. 그런데 보살은 말 한 마디에 그토록 소중한 왕의 지위를 헌신짝 버리듯이 버리는 것이다. 청량스님은 "제4 외시外施란 곧 왕의 지위다. 구夐란 재산이 없이 예를 갖춘 것이다."9)라고 하였다.

### (6) 안팎보시[內外施]

운하위보살   내외시   불자   차보살   여상
**云何爲菩薩**의 **內外施**오 **佛子**야 **此菩薩**이 **如上**

---

9) 第四外施 卽王位也. 夐者, 無財備禮也.

소설    처윤왕위    칠보구족    왕사천하
**所說**하야 **處輪王位**하야 **七寶具足**하야 **王四天下**어든

시혹유인    이래백언    차전륜위    왕처이구
**時或有人**이 **而來白言**호대 **此轉輪位**에 **王處已久**나

아미증득    유원대왕    사지여아    병급
**我未曾得**이로소니 **唯願大王**은 **捨之與我**하시며 **幷及**

왕신    위아신복    이시보살    작시념언
**王身**이 **爲我臣僕**하라하면 **爾時菩薩**이 **作是念言**호대

아신재보    급이왕위    실시무상패괴지법
**我身財寶**와 **及以王位**가 **悉是無常敗壞之法**이어늘

아금성장    부유천하    걸자    현전    당이불
**我今盛壯**에 **富有天下**하니 **乞者**가 **現前**에 **當以不**

견    이구견법    작시념이    즉변시지
**堅**으로 **而求堅法**이라하고 **作是念已**하고 **卽便施之**하며

내지이신    공근작역    심무소회    시명
**乃至以身**으로 **恭勤作役**호대 **心無所悔**하나니 **是名**

내외시
**內外施**니라

"무엇을 보살의 안팎보시[內外施]라 하는가. 불자들이여, 이 보살이 위에 말한 것처럼 전륜왕의 자리에 있어

칠보가 구족하고 사천하에 왕이 되었을 적에, 그때에 어떤 사람이 와서 말하기를 '대왕은 오래전부터 전륜왕이 되었거니와 나는 한 번도 이 자리를 얻지 못하였사오니, 바라옵건대 대왕께서 그 자리를 나에게 주시고 왕께서 몸소 나의 신하가 되소서.'라고 한다면, 그때에 보살이 생각하기를 '나의 몸이나 재물이나 왕의 지위는 모두 무상한 것이어서 필경에는 망가지는 것이다. 나는 지금 건강하고 천하를 가졌는데 달라는 이가 앞에 나타났으니, 마땅히 견고하지 못한 것을 버리어 견고한 법을 구하리라.' 이렇게 생각하고는 곧 보시하여 주고 내지 몸소 공순히 섬기되 후회하는 마음이 없나니, 이것의 이름이 안팎보시[內外施]이니라."

이 안팎보시는 왕의 지위도 보시하고 재물도 보시하고 몸소 하인이 되어 공순하게 섬기기도 하는 것이다. 청량스님은 "제5 내외시는 왕위가 외시가 되고 겸하여 몸소 공순히 섬기는 것이 내시가 된다."[10]라고 하였다.

---

10) 第五內外施者 王位爲外, 兼身作役爲內也.

### (7) 일체보시[一切施]

云何爲菩薩의 一切施오 佛子야 此菩薩도 亦如
上說하야 處輪王位하야 七寶具足하야 王四天下어든
時有無量貧窮之人이 來詣其前하야 而作是言호대
大王名稱이 周聞十方하야 我等이 欽風일새 故來至
此라 吾曹가 今者에 各有所求로소니 願普垂慈하사
令得滿足케하라하고 時諸貧人이 從彼大王하야 或乞
國土하며 或乞妻子하며 或乞手足과 血肉心肺와 頭
目髓腦하면 菩薩이 是時에 心作是念호대 一切恩愛
가 會當別離하야 而於衆生에 無所饒益이니 我今爲
欲永捨貪愛하야 以此一切必離散物로 滿衆生願

작 시 념 이 　　실 개 시 여 　　심 무 회 한
이라하고 **作是念已**하고 **悉皆施與**호대 **心無悔恨**하며

역 불 어 중 생 　　이 생 염 천 　　시 명 일 체 시
**亦不於衆生**에 **而生厭賤**하나니 **是名一切施**니라

"무엇을 보살의 일체보시[一切施]라 하는가. 불자들이여, 이 보살이 위에 말한 것같이 전륜왕의 지위에 있으면서 칠보가 구족하고 사천하에 왕이 되었을 적에, 그때에 한량없는 가난한 사람들이 그 앞에 와서 말하기를 '대왕의 거룩한 소문이 시방에 두루 퍼졌으니 저희들이 덕화를 우러러 여기에 왔나이다. 저희들은 지금 제각기 구함이 있사오니 자비를 베풀어서 소원을 만족케 하소서.' 하면서, 그때에 모든 가난한 사람들이 그 대왕에게 혹은 국토를 달라 하고, 혹은 처자를 달라 하고, 혹은 수족과 혈육과 염통, 허파, 머리, 눈, 골수들을 요구한다면, 이때 보살은 이렇게 생각하되 '모든 은혜와 애정은 모이면 마땅히 떠나고야 마는 것이고, 중생에게 아무런 이익도 주지 못하는 것이 아닌가. 나는 이제 탐욕과 애정을 영원히 버리고, 서로 떠나고 흩어지게 될 온갖 것으로써 중생의 소원을 채워 주리라.' 이렇게 생각하고 모든 것을 베풀어 주고 후회하는 마음도 없고 또

한 중생을 싫어하거나 천하게 여기지도 아니하나니, 이 것의 이름이 일체보시[一切施]이니라."

일체보시[一切施]란 그야말로 일체를 다 보시하는 것을 말한다. 왕의 자리든 국토든 처자든 수족과 혈육과 염통, 허파, 머리, 눈, 골수 등 모든 것이다. 요즘의 표현대로라면 피와 장기와 시신까지 젊고 건강하고 살아 있을 때 기증하는 것이다. 이것이 일체를 다 보시하는 것이다.

### (8) 과거보시[過去施]

운하위보살 과거시 차보살 문과거제불
**云何爲菩薩**의 **過去施**오 **此菩薩**이 **聞過去諸佛**

보살 소유공덕 문이불착 요달비유
**菩薩**의 **所有功德**하고 **聞已不着**하야 **了達非有**하야

불기분별 불탐불미 역불구취 무소의
**不起分別**하며 **不貪不味**하며 **亦不求取**하며 **無所依**

의 견법여몽 무유견고 어제선근 불
**倚**하나니 **見法如夢**하야 **無有堅固**하며 **於諸善根**에 **不**

起有想하며 亦無所倚하고 但爲教化取着衆生하야
成熟佛法하야 而爲演說이니라 又復觀察호대 過去
諸法을 十方推求하야도 都不可得이라하야 作是念已
하고 於過去法에 畢竟皆捨하나니 是名過去施니라

"무엇을 보살의 과거보시[過去施]라 하는가. 이 보살이 지난 세상의 부처님과 보살들이 가진 공덕을 듣고도 집착하지 않고, 있는 것이 아닌 줄로 알아서 분별하지도 않고 탐내지도 않고 맛들이지도 않으며, 또한 구하여 가지려고 하지도 않고 의지하려고도 아니하느니라. 법은 꿈과 같아서 견고하지 않음을 보며, 모든 선근에는 있는 것이란 생각을 내지 않고 의지하지도 않으며, 다만 집착 있는 중생을 교화하여 불법을 성숙시키려고 그를 위하여 연설하는 것이니라. 또 과거의 모든 법을 보건대 시방으로 찾으려 하여도 얻을 수 없는 것이라, 이렇게 생각하고는 과거의 법들을 끝까지 버리나니, 이것의 이름이 과거보시[過去施]이니라."

보살이 과거의 부처님이나 보살들의 공덕과 법과 선근을 들어서 잘 알고 있으면서 그것에 집착하거나 탐하지 않는 초연한 마음을 내는 것이 곧 보시다. 앞의 초발심공덕품에서 발심의 공덕을 얼마나 높이 찬탄했던가. 그럼에도 보살의 차원 높은 보시의 경계는 이와 같다. 다만 집착이 있는 중생을 교화하여 불법을 성숙시키려고 그와 같은 공덕을 연설하는 것이다. 보시는 자신이 가진 것을 다른 사람에게 베푸는 것이 근본이지만 자신이 알고 있는 공덕이나 법이나 선근에 대해서 꿈과 같이 알아 일체 집착이 없는 것도 또 다른 차원의 보시다.

### (9) 미래보시[未來施]

云何爲菩薩의 未來施오 此菩薩이 聞未來諸佛
운하위보살  미래시  차보살  문미래제불

之所修行하고 了達非有하야 不取於相하며 不別樂
지소수행     요달비유     불취어상     불별락

往生諸佛國土하야 不昧不着호대 亦不生厭이라 不
왕생제불국토     불미불착     역불생염     불

이선근          회향어피          역불어피         이퇴선근
以善根으로 廻向於彼하며 亦不於彼에 而退善根하야

상근수행        미증폐사         단욕인피경계         섭
常勤修行하야 未曾廢捨하고 但欲因彼境界하야 攝

취중생        위설진실          영성숙불법         연차
取衆生일새 爲說眞實하야 令成熟佛法이니라 然此

법자        비유처소         비무처소         비내비외       비근
法者는 非有處所며 非無處所며 非內非外며 非近

비원        부작시념         약법비유        불가불사
非遠이니라 復作是念호대 若法非有인댄 不可不捨라

      시명미래시
하나니 是名未來施니라

"무엇을 보살의 미래보시[未來施]라 하는가. 이 보살이 미래세상 부처님들의 수행함을 듣고는 있는 것이 아닌 줄로 알아서 모양을 취하지도 않고, 따로 부처님의 국토에 왕생하기를 좋아하지도 않으며, 맛들이지도 않고 집착하지도 않고, 또한 태어남을 싫어하지도 않으며, 선근으로써 저기에 회향하지도 않고, 또한 저기에서 선근을 퇴전하지도 않으며, 항상 부지런히 수행하여 조금도 폐하여 버리지 아니하느니라. 다만 저 경계로 인하여 중

생들을 거두어 주며 진실한 이치를 말하여 불법을 성숙시키려는 것이니라. 그러나 이 법은 처소가 있지도 않고 처소가 없지도 않으며, 안도 아니고 밖도 아니고, 가깝지도 않고 멀지도 않은 것이니라. 다시 생각하되 만일 법이 있는 것이 아니라면 버리지 않을 수 없다 하나니, 이것의 이름이 미래보시[未來施]이니라."

미래 부처님들의 수행에 대해서나, 또는 서방정토 극락세계에 가서 태어나는 일이나, 용화세계의 미륵부처님 세계에 가서 태어나는 등에 좋아하지 않으며 집착하지 않으며 싫어하지도 않는 것이 미래보시가 된다. 스스로 닦은 선근을 극락세계나 용화세계에 회향하지도 않는 것이 또 미래보시가 된다. 실은 극락세계에 가든 용화세계에 가든 그 모든 이상적인 세계에 대한 꿈으로부터 해탈하는 것이 더 훌륭한 일이기 때문이다.

## (10) 현재보시[現在施]

운하위보살   현재시   차보살   문사천왕중
云何爲菩薩의 現在施오 此菩薩이 聞四天王衆

천   삼십삼천   야마천   도솔타천   화락천
天과 三十三天과 夜摩天과 兜率陀天과 化樂天과

타화자재천   범천   범신천   범보천   범중천
他化自在天과 梵天에 梵身天과 梵輔天과 梵衆天과

대범천   광천   소광천   무량광천   광음천
大梵天과 光天에 少光天과 無量光天과 光音天과

정천   소정천   무량정천   변정천   광천   소
淨天에 少淨天과 無量淨天과 徧淨天과 廣天에 少

광천   무량광천   광과천   무번천   무열천
廣天과 無量廣天과 廣果天과 無煩天과 無熱天과

선견천   선현천   색구경천   내지문성문연
善見天과 善現天과 色究竟天하며 乃至聞聲聞緣

각   구족공덕   문이   기심   불미불몰
覺의 具足功德이라도 聞已에 其心이 不迷不沒하며

불취불산   단관제행   여몽부실   무유탐
不聚不散하고 但觀諸行이 如夢不實하야 無有貪

착   위령중생   사리악취   심무분별
着이로대 爲令衆生으로 捨離惡趣하야 心無分別하며

수 보 살 도　　　성 취 불 법　　　이 위 개 연　　　　시 명
　　　　**修菩薩道**하야 **成就佛法**하야 **而爲開演**하나니 **是名**
현 재 시
**現在施**니라

　　"무엇을 보살의 현재보시[現在施]라 하는가. 이 보살이 사천왕중천, 삼십삼천, 야마천, 도솔타천, 화락천, 타화자재천, 범천, 범신천, 범보천, 범중천, 대범천, 광천, 소광천, 무량광천, 광음천, 정천, 소정천, 무량정천, 변정천, 광천, 소광천, 무량광천, 광과천, 무번천, 무열천, 선견천, 선현천, 색구경천을 듣거나, 내지 성문과 연각의 구족한 공덕을 듣고도 마음이 미혹하지 않고 침몰하지 않고 모으지 않고 흩지도 않느니라. 다만 모든 행이 꿈과 같아서 실답지 않음을 관찰하여 탐착하는 일이 없느니라. 중생으로 하여금 나쁜 갈래를 버리게 하며, 마음에 분별이 없이 보살의 도道를 닦게 하며, 불법을 성취케 하기 위하여 연설하나니, 이것의 이름이 현재보시[現在施]이니라."

　　28개의 천상을 열거하였다. 실재하는 천상이든 우리들의

의식으로 만든 하늘[意成天]이든 하늘나라를 좋아하는 중생들이 많다. 그래서 불교에서는 이와 같이 많은 하늘을 이야기하는 것이다. 이와 같은 하늘나라를 듣거나 성문이나 연각의 공덕을 듣고도 마음이 미혹하지 않은 것, 이것이 또 다른 보시다. 모든 행이 꿈과 같아서 실답지 않음을 관찰하여 탐착하는 일이 없는 것이 또한 보시다. 이와 같은 이치가 있기 때문에 선불교에서는 좌선을 통하여 무심의 경지에 들어가면 그 속에 보시 등 일체의 바라밀이 다 구족하였다고 보는 것이다.


### (11) 최후의 보시[究竟施]

운하위보살 구경시 불자 차보살 가사
**云何爲菩薩**의 **究竟施**오 **佛子**야 **此菩薩**이 **假使**

유무량중생 혹유무안 혹유무이 혹무비
**有無量衆生**이 **或有無眼**하며 **或有無耳**하며 **或無鼻**

설 급이수족 내지기소 고보살언 아
**舌**과 **及以手足**이라 **來至其所**하야 **告菩薩言**호대 **我**

신　　　박호　　　　제근잔결　　　　　유원인자　　　이선방
身이 薄祜하야 諸根殘缺이로소니 惟願仁慈는 以善方

　　편　　　사기소유　　　　영아구족　　　　　　보살　문지
便으로 捨己所有하야 令我具足케하라하면 菩薩이 聞之

　　　　즉변시여　　　　가사유차　　　경아승지겁
하고 卽便施與호대 假使由此하야 經阿僧祇劫토록

제근불구　　　역불심생일념회석　　　　단자관신
諸根不具라도 亦不心生一念悔惜하고 但自觀身이

종초입태　　부정미형　　포단제근　　생로병사
從初入胎로 不淨微形과 胞段諸根이 生老病死하며

"무엇을 보살의 최후의 보시[究竟施]라 하는가. 불자들이여, 이 보살이 가령 한량없는 중생이 혹 눈이 없거나, 귀가 없거나, 코가 없거나, 혀가 없거나, 손이 없고 발이 없이 이 보살에게 와서 말하기를, '우리들이 박복하여 불구자가 되었습니다. 바라옵건대 인자하신 이여, 좋은 방편으로 당신에게 있는 것을 우리에게 보시하여 우리의 모든 근根을 구족하게 해 주소서.'라고 하거든, 보살이 듣고는 곧바로 보시하여 주느니라. 가령 그때부터 아승지겁을 지내도록 여러 근根이 불구라 하더라도, 또한 잠깐이라도 후회하는 마음을 내지 않고 다만 스스로 관하기를 '이 몸이 처음 태에 들 때부터 부정하고 보잘 것없는 것으로, 여러 근을 형성하여서 나고 늙고 병들고 죽는 것이라.' 하느니라."

사람에게 있어서 눈과 귀와 코와 혀와 손과 발 등은 얼마나 중요한가. 그런데 이와 같이 중요한 자신의 신체 부분 부분을 나누어 주어 보시하는 것이다. 그러고는 아무리 오랜 세월 동안 불구자로 지내게 된다 하더라도 조금도 후회하는 마음이 없는 것, 이것이 완벽한 최후의 보시다.

우관차신 무유진실 무유참괴 비현
**又觀此身**이 **無有眞實**하고 **無有慚愧**하야 **非賢**

성물 취예불결 골절상지 혈육소도 구
**聖物**이라 **臭穢不潔**이며 **骨節相持**요 **血肉所塗**며 **九**

공상류 인소오천 작시관이 불생일
**孔常流**에 **人所惡賤**이라하야 **作是觀已**하고 **不生一**

념애착지심
**念愛着之心**하며

"또 관觀하기를 '이 몸은 진실하지도 않고 부끄러움이 없어서 성현의 물건이 아니며, 더럽고 불결하여 골절이 서로 연속하고 피와 살이 싸고 있으며, 아홉 구멍에서는 나쁜 것이 항상 흐르는 것이로다.' 이렇게 관찰하고는 잠깐도 애착하는 마음을 내지 않느니라."

자신의 육신을 부정하고 진실하지 못하며 성스럽지도 못한 것이라고 관하여 아낌없이 베풀어 주는 것, 이것이 완전한 최후의 보시다.

復作是念호대 此身이 危脆하야 無有堅固하니 我今云何而生戀着이리오 應以施彼하야 充滿其願하고 如我所作하야 以此開導一切衆生하야 令於身心에 不生貪愛하야 悉得成就淸淨智身이라하나니 是名究

경시　시위보살마하살　제육시장
**竟施**니 **是爲菩薩摩訶薩**의 **第六施藏**이니라

"또 생각하되 '이 몸은 연약하고 위태하여 견고한 것이 아니거늘 내가 무어라고 연연하고 애착하랴. 마땅히 저들에게 보시하여 그의 소원을 채우리라. 나의 이렇게 하는 것으로 일체 중생을 인도하여 몸과 마음에 애착을 내지 않게 하고 청정한 지혜의 몸을 얻게 하리라.' 하나니, 이것의 이름이 최후의 보시[究竟施]이니라. 이것을 보살마하살의 제6 보시하는 장[施藏]이라 하느니라."

또 생각하기를 '이 육신은 연약하고 위태하여 견고한 것이 아니거늘 내가 무어라고 연연하고 애착하랴. 마땅히 저들에게 보시하여 그들의 소원을 채우리라.' 하는 생각으로 조금도 아낌없이 보시하는 것, 이것이 완전한 최후의 보시다. 여기까지가 보살마하살의 제6 보시하는 장[施藏]이다.

## 7) 혜장慧藏을 설하다

### (1) 지혜로 모든 법을 사실대로 알다

佛子야 何等이 爲菩薩摩訶薩의 慧藏고 此菩薩이 於色에 如實知하고 色集에 如實知하고 色滅에 如實知하고 色滅道에 如實知하며 於受想行識에 如實知하고 受想行識集에 如實知하고 受想行識滅에 如實知하고 受想行識滅道에 如實知하며

"불자들이여, 어떤 것을 보살마하살의 지혜로운 장[慧藏]이라 하는가. 이 보살은 색色을 사실대로 알고, 색의 집集을 사실대로 알고, 색이 멸滅함을 사실대로 알고, 색이 멸하는 도道를 사실대로 아느니라. 수상행식受想行識을 사실대로 알고, 수상행식의 집을 사실대로 알고, 수상행식이 멸함을 사실대로 알고, 수상행식이 멸하는 도를 사실대로 아느니라."

혜장慧藏이란 모든 법의 실상을 지혜로 사실 그대로 꿰뚫어 아는 것을 말한다. 모든 법 중에 가장 가깝고 근본인 오온부터 분석하였다. 즉 육신인 색色과 그 색의 원인이 되는 집集과 색이 소멸하는 것과 색이 소멸하는 도를 사실대로 아는 것이다. 이 모든 것은 원인이 있어서 그 결과가 있게 된 것이다. 인연으로부터 짓는 것은 일체가 허망하여 공하고 실재가 없음을 안다는 뜻이다. 이것은 변할 수 없는 만고의 이치다. 정신의 일체 작용인 수상행식受想行識도 색色의 경우와 같다. 역시 인연의 결과이므로 허망하고 공하여 실재하는 것이 없다.

於無明에 如實知하고 無明集에 如實知하고 無明滅에 如實知하고 無明滅道에 如實知하며 於愛에 如實知하고 愛集에 如實知하고 愛滅에 如實知하고 愛滅道에 如實知하며

"무명無明을 사실대로 알고, 무명의 집을 사실대로 알고, 무명이 멸滅함을 사실대로 알고, 무명이 멸하는 도를 사실대로 알며, 애愛를 사실대로 알고, 애의 집을 사실대로 알고, 애가 멸함을 사실대로 알고, 애가 멸하는 도를 사실대로 아느니라."

12인연의 전 과정을 낱낱이 열거하여 밝힐 것을 무명과 애愛만을 밝혀서 전체를 비추어 알도록 하였다. 즉 무명과 무명의 원인과 무명의 소멸과 무명의 소멸의 도를 여실하게 안다. 행과 식과 명색과 육입과 애愛와 취와 유와 생과 노사도 또한 그와 같다. 일체가 인연으로 조작된 것이므로 공하며 허망하여 실재하는 것이 없음을 안다.

於聲聞에 如實知하고 聲聞法에 如實知하고 聲聞集에 如實知하고 聲聞涅槃에 如實知하며 於獨覺에 如實知하고 獨覺法에 如實知하고 獨覺集에 如實知

하고 **獨覺涅槃**에 **如實知**하며 **於菩薩**에 **如實知**하고 **菩薩法**에 **如實知**하고 **菩薩集**에 **如實知**하고 **菩薩涅槃**에 **如實知**하나니라

"성문聲聞을 사실대로 알고, 성문의 법을 사실대로 알고, 성문의 집을 사실대로 알고, 성문의 열반을 사실대로 알며, 독각獨覺을 사실대로 알고, 독각의 법을 사실대로 알고, 독각의 집을 사실대로 알고, 독각의 열반을 사실대로 알며, 보살을 사실대로 알고, 보살의 법을 사실대로 알고, 보살의 집을 사실대로 알고, 보살의 열반을 사실대로 아느니라."

성문과 성문의 법과 성문의 원인인 집과 성문의 결과인 열반을 여실하게 다 안다. 독각과 보살도 성문의 경우와 같음을 안다. 그 역시 인연으로 이뤄진 것이어서 공하고 허망하고 실재하는 것이 아님을 다 안다.

## (2) 사실대로 아는 뜻을 해석하다

云何知오 知從業報諸行因緣之所造作은 一切虛假하야 空無有實하야 非我非堅固며 無有少法可得成立이니라

"어떻게 사실대로 아는가. 업을 지어 과보果報를 받는 일은 모든 행行의 인연으로부터 짓는 것이어서 일체가 허망하여 공하고 실재가 없음을 알며, '나'도 아니고 견고한 것도 아니어서 조그만 법도 성립할 것이 없음을 아느니라."

5온과 12인연과 성문과 독각과 보살의 실상을 어떻게 사실대로 다 아는가? 그것은 업을 지어 결과의 보를 받는 인연의 조작이다. 인연의 조작은 일체가 다 허망하고 공하고 실재하는 것이 아니며, 주체적 실체도 없고 견고하지도 아니해서 수시로 변하여 조금도 성립함을 얻을 수 없음을 다 안다. 지혜의 장藏이란 이와 같다.

### (3) 실다운 성품을 알게 하려고 법을 설함

欲<sup>욕</sup>令<sup>령</sup>衆<sup>중</sup>生<sup>생</sup>으로 知<sup>지</sup>其<sup>기</sup>實<sup>실</sup>性<sup>성</sup>하야 廣<sup>광</sup>爲<sup>위</sup>宣<sup>선</sup>說<sup>설</sup>하나니 爲<sup>위</sup>

說<sup>설</sup>何<sup>하</sup>等<sup>등</sup>고 說<sup>설</sup>諸<sup>제</sup>法<sup>법</sup>이 不<sup>불</sup>可<sup>가</sup>壞<sup>괴</sup>니라 何<sup>하</sup>等<sup>등</sup>法<sup>법</sup>이 不<sup>불</sup>可<sup>가</sup>壞<sup>괴</sup>오

色<sup>색</sup>不<sup>불</sup>可<sup>가</sup>壞<sup>괴</sup>며 受<sup>수</sup>想<sup>상</sup>行<sup>행</sup>識<sup>식</sup>이 不<sup>불</sup>可<sup>가</sup>壞<sup>괴</sup>며 無<sup>무</sup>明<sup>명</sup>이 不<sup>불</sup>可<sup>가</sup>壞<sup>괴</sup>며

聲<sup>성</sup>聞<sup>문</sup>法<sup>법</sup>獨<sup>독</sup>覺<sup>각</sup>法<sup>법</sup>菩<sup>보</sup>薩<sup>살</sup>法<sup>법</sup>이 不<sup>불</sup>可<sup>가</sup>壞<sup>괴</sup>니라

"중생들로 하여금 실다운 성품을 알게 하기 위하여 널리 연설하느니라. 무엇을 말하는가? 모든 법을 파괴할 수 없음을 말하느니라. 무슨 법을 파괴할 수 없는가? 색을 파괴할 수 없으며, 수상행식을 파괴할 수 없느니라. 무명을 파괴할 수 없으며, 성문법, 독각법, 보살법을 파괴할 수 없느니라."

앞에서는 5온과 12인연과 성문법과 독각법과 보살법이 모두 허망하여 공하고 실재가 없음을 알며, '나'라는 변하지 않는 주체도 없고 견고한 것도 아니어서 조그만 법도 성립할 것이 없음을 안다고 하였다. 그렇다. 눈에 보이는 현상

은 분명히 그렇다. 그런데 여기에서 그 모든 것을 파괴할 수 없다고 한 뜻은 무엇인가? 5온과 12인연과 성문법과 독각법과 보살법이 모두 진여자성의 자유로운 한 표현이기 때문이다.

예컨대 물과 물결의 관계와 같다. 물은 인연을 따라 여러 가지 모양으로 천변만화하지만 언제나 변함없는 물이라는 사실이다. 그래서 어떤 모양으로 나타나더라도 그 물이라는 본성을 파괴할 수 없는 것과 같다. 우리들 한 사람 한 사람도 5온과 12인연과 성문과 독각과 보살로 나타나더라도 그 본성은 변하지 않으며 파괴할 수 없는 것이다. 다 같은 법이지만 관점을 달리하고 있음을 밝힌 내용이다.

하이고 일체법 무작무작자 무언설무처
**何以故**오 **一切法**이 **無作無作者**며 **無言說無處**

소 불생불기 불여불취 무동전무작용
**所**며 **不生不起**며 **不與不取**며 **無動轉無作用**이니라

보살 성취여시등무량혜장 이소방편 요
**菩薩**이 **成就如是等無量慧藏**하야 **以少方便**으로 **了**

일체법　　자연명달　　불유타오
**一切法**호대 **自然明達**이요 **不由他悟**니라

"무슨 까닭인가. 일체 법이 지은 것도 없고 지은 이도 없으며, 말할 수도 없고 처소도 없으며, 나지도 않고 일어나지도 않으며, 함께하지도 않고 취하지도 않으며, 동動하는 일도 없고 작용도 없는 것이니라. 보살이 이와 같이 한량없는 지혜로운 장藏을 성취하고 조그만 방편으로 일체 법을 아나니, 저절로 그러히 분명하게 아는 것이요, 다른 이로 인하여 깨닫는 것이 아니니라."

일체 법을 본질의 관점에서 보면 "지은 것도 없고 지은 이도 없으며, 말할 수도 없고 처소도 없으며, 나지도 않고 일어나지도 않으며, 함께하지도 않고 취하지도 않으며, 동動하는 일도 없고 작용도 없는 것이다." 5온과 12인연과 성문법과 독각법과 보살법이 모두 그와 같다.

### (4) 지혜의 무진장은 열 가지 다할 수 없음이 있다

此慧無盡藏이 有十種不可盡일새 故說爲無盡

이니 何等이 爲十고 所謂多聞善巧가 不可盡故며 親

近善知識이 不可盡故며 善分別句義가 不可盡故며

入深法界가 不可盡故며 以一味智莊嚴이 不可盡

故며 集一切福德에 心無疲倦이 不可盡故며

"이 지혜의 무진장은 다할 수 없는 것이 열 가지가 있으므로 무진無盡이라 말하느니라. 무엇이 열인가. 이른바 많이 들어 공교함을 다할 수 없으며, 선지식을 친근親近함을 다할 수 없으며, 글귀와 뜻을 잘 분별함을 다할 수 없으며, 깊은 법계에 들어감을 다할 수 없으며, 한결같은 지혜로 장엄함을 다할 수 없으며, 일체 복덕을 모으되 피곤하고 게으른 마음이 없음을 다할 수 없느니라."

불교를 지혜의 종교라고 한다. 그런데 지혜를 성취한 사람이라면 어떻게 사는가? "지혜의 무진장은 열 가지 다할 수 없음이 있다."라는 것에 그 답이 있다. 지혜가 있는 사람은 선지식을 친근하는 데 다함이 없다. 끊임없이 선지식을 친근하여 배우려고 한다. 경전을 공부하고 법문을 듣는 데 다함이 없다. 우주법계의 이치에 들어가는 데 다함이 없다. 지혜가 많아도 다시 지혜로 장엄하는 데 다함이 없다. 지혜가 뛰어난 사람이 복덕을 잘 닦는다. 그래서 일체 복덕을 모으는 데 다함이 없다.

入一切陀羅尼門이 不可盡故며 能分別一切衆生語言音聲이 不可盡故며 能斷一切衆生疑惑이 不可盡故며 爲一切衆生하야 現一切佛神力하야 敎化調伏하야 令修行不斷이 不可盡故니 是爲

## 십
**十**이니라

"일체 다라니문에 들어감을 다할 수 없으며, 일체 중생의 말과 음성을 능히 분별함을 다할 수 없으며, 일체 중생의 의혹 끊음을 다할 수 없으며, 일체 중생을 위하여 모든 부처님의 신비한 힘을 나타내어 교화하고 조복하며 수행함이 끊어지지 않게 함을 다할 수 없는 연고이니, 이것이 열이니라."

다라니란 모든 법문을 다 지닌다는 뜻이다. 모든 법문을 다 지니는 일에 다함이 없다. 일체 중생의 말과 음성을 능히 분별해야 중생을 교화하며, 일체 중생의 의혹을 능히 끊어야 중생을 교화한다. 일체 중생을 위하여 모든 부처님의 신비한 힘을 나타내어 교화하고 조복하며 수행함이 끊어지지 않게 함을 다할 수 없다. 이와 같이 사는 사람이 진정 지혜로운 사람이다.

### (5) 지혜의 장에 머무는 이익

是<sub>시</sub>爲<sub>위</sub>菩<sub>보</sub>薩<sub>살</sub>摩<sub>마</sub>訶<sub>하</sub>薩<sub>살</sub>의 第<sub>제</sub>七<sub>칠</sub>慧<sub>혜</sub>藏<sub>장</sub>이니 住<sub>주</sub>此<sub>차</sub>藏<sub>장</sub>者<sub>자</sub>는
得<sub>득</sub>無<sub>무</sub>盡<sub>진</sub>智<sub>지</sub>慧<sub>혜</sub>하야 普<sub>보</sub>能<sub>능</sub>開<sub>개</sub>悟<sub>오</sub>一<sub>일</sub>切<sub>체</sub>衆<sub>중</sub>生<sub>생</sub>이니라

"이것을 보살마하살의 제7 지혜로운 장[慧藏]이라 하나니, 이 장에 머무는 이는 다함이 없는 지혜를 얻어 일체 중생을 널리 깨우치느니라."

위와 같은 지혜의 무진장에 머물면 결과적으로 무슨 이익이 있는가? 일체 중생을 깨닫게 하는 이익이 있다. 보살은 자나 깨나 일체 중생을 위해서 살기 때문이다. 일체 중생을 위하는 일 중에 가장 값진 일은 일체 존재의 실상에 눈을 뜨게 하고 일체 법에 눈을 뜨게 하는 일이다.

## 8) 염장念藏을 설하다

### (1) 미진수와 같은 일을 다 기억하다

불자<sub></sub>야 하등<sub>이</sub> 위보살마하살<sub></sub>의 염장<sub>고</sub> 차보살<sub>이</sub>
佛子야 何等이 爲菩薩摩訶薩의 念藏고 此菩薩이

사리치혹<sub>하고</sub> 득구족념<sub>하야</sub> 억념과거<sub>의</sub> 일생이
捨離癡惑하고 得具足念하야 憶念過去의 一生二

생<sub>과</sub> 내지십생백생천생백천생무량백천생<sub>과</sub>
生과 乃至十生百生千生百千生無量百千生과

성겁<sub>과</sub> 괴겁<sub>과</sub> 성괴겁<sub>과</sub> 비일성겁<sub>과</sub> 비일괴겁<sub>과</sub>
成劫과 壞劫과 成壞劫과 非一成劫과 非一壞劫과

비일성괴겁<sub>과</sub> 백겁<sub>과</sub> 천겁<sub>과</sub> 백천억나유타<sub>와</sub> 내
非一成壞劫과 百劫과 千劫과 百千億那由他와 乃

지무량무수무변무등<sub>과</sub> 불가수불가칭불가사
至無量無數無邊無等과 不可數不可稱不可思

불가량불가설불가설불가설겁<sub>하며</sub>
不可量不可說不可說不可說劫하며

"불자들이여, 어떤 것을 보살마하살의 기억하는 장
[念藏]이라 하는가. 이 보살은 어리석음을 여의고 구족
하게 기억하나니, 지난 세상의 일생一生, 이생으로 내지

십생, 백생, 천생, 백천생, 무량 백천생이니라. 이루는 겁과 무너지는 겁과 이루고 무너지는 겁이며, 한번 이루는 겁만이 아니고 한번 무너지는 겁만이 아니고 한번 이루고 무너지는 겁만이 아니며, 백겁, 천겁, 백천억 나유타로 내지 한량없고, 수없고, 끝없고, 같을 이 없고, 셀 수 없고, 일컬을 수 없고, 생각할 수 없고, 요량할 수 없고, 말할 수 없고, 말할 수 없이 말할 수 없는 겁을 기억하느니라."

염장念藏이란 기억의 무진장이다. 보살이 무엇을 기억하는가. 무루無漏 지혜와 숙명宿命 지혜를 통해서 미진수와 같은 일을 다 기억한다. 먼저 과거에 살아온 무수한 생生을 다 기억한다. 또 세계가 성주괴공成住壞空하는 무수한 겁을 다 기억한다.

염일불명호　　내지불가설불가설불명호
**念一佛名號**와 **乃至不可說不可說佛名號**하며
염일불출세설수기　　내지불가설불가설불출
**念一佛出世說授記**와 **乃至不可說不可說佛出**

世<sub>세</sub>說<sub>설</sub>授<sub>수</sub>記<sub>기</sub>하며 念<sub>염</sub>一<sub>일</sub>佛<sub>불</sub>出<sub>출</sub>世<sub>세</sub>說<sub>설</sub>修<sub>수</sub>多<sub>다</sub>羅<sub>라</sub>와 乃<sub>내</sub>至<sub>지</sub>不<sub>불</sub>可<sub>가</sub>說<sub>설</sub>不<sub>불</sub>可<sub>가</sub>說<sub>설</sub>佛<sub>불</sub>出<sub>출</sub>世<sub>세</sub>說<sub>설</sub>修<sub>수</sub>多<sub>다</sub>羅<sub>라</sub>하고 如<sub>여</sub>修<sub>수</sub>多<sub>다</sub>羅<sub>라</sub>하야 祇<sub>기</sub>夜<sub>야</sub>와 授<sub>수</sub>記<sub>기</sub>와 伽<sub>가</sub>陀<sub>타</sub>와 尼<sub>니</sub>陀<sub>다</sub>那<sub>나</sub>와 優<sub>우</sub>陀<sub>다</sub>那<sub>나</sub>와 本<sub>본</sub>事<sub>사</sub>와 本<sub>본</sub>生<sub>생</sub>과 方<sub>방</sub>廣<sub>광</sub>과 未<sub>미</sub>曾<sub>증</sub>有<sub>유</sub>와 譬<sub>비</sub>喩<sub>유</sub>와 論<sub>논</sub>議<sub>의</sub>도 亦<sub>역</sub>如<sub>여</sub>是<sub>시</sub>하며

"또한 한 부처님 명호와 내지 말할 수 없이 말할 수 없는 부처님 명호를 기억하느니라. 한 부처님이 출세하여 수기授記함과 내지 말할 수 없이 말할 수 없는 부처님이 출세하여 수기 주는 것을 설함을 기억하느니라. 한 부처님이 출세하여 수다라修多羅를 설함을 기억하며, 내지 말할 수 없이 말할 수 없는 부처님이 출세하여 수다라를 설함을 기억하느니라. 수다라와 같이 기야祇夜, 수기授記, 가타伽陀, 니다나尼陀那, 우다나優陀那, 본사本事, 본생本生, 방광方廣, 미증유未曾有, 비유譬喩, 논의論議도 또한 그와 같으니라."

또 부처님의 무수한 명호를 다 기억하며, 그 많은 수기

를 다 기억하며, 일체 경교인 8만4천장경을 다 기억하며 12부[11])경론을 다 기억한다. 보살의 기억하는 염장念藏이란 이와 같다.

염일중회            내지불가설불가설중회            염연
**念一衆會**와 **乃至不可說不可說衆會**하며 **念演**

일법         내지연불가설불가설법            염일근종종
**一法**과 **乃至演不可說不可說法**하며 **念一根種種**

---

11) 십이분경十二分經, 십이분교十二分敎라고도 한다. ① 수다라修多羅 : 계경契經 법본法本이라고 번역하는 산문체의 경전. ② 기야祇夜 : 중송重頌 응송應頌 등으로 번역하는, 산문체의 경문 뒤에 그 내용을 운문으로 노래한 경전. ③ 수기授記 : 경의 말뜻을 문답 형식으로 해석하고, 또 제자들의 다음 세상에서 날 곳을 예언한 것. ④ 가타伽陀 : 풍송諷頌 고기송孤起頌이라 번역하는, 4언, 5언, 7언의 운문으로 구성된 것. ⑤ 우다나優陀那 : 무문자설無問自說이라 번역하는 것으로, 아미타경 등과 같이 남이 묻지 않는데도 석가모니가 스스로 이야기한 말. ⑥ 니다나尼陀那 : 연기緣起 인연因緣이라 번역되는, 경 중에서 석가모니를 만나 법을 들은 인연 등을 설한 것. ⑦ 아파타나阿波陀那 : 비유譬喩라고 번역하며, 경전 중에서 비유로써 은밀한 교리를 명백하게 풀이한 부분. ⑧ 이제왈다가伊帝曰多伽 : 본사本事라 번역하는 것으로, 석가나 제자들의 지난 세상에서의 인연을 말한 부분. ⑨ 사타가闍陀伽 : 본생本生이라 번역하는 것으로, 석가모니 자신의 지난 생에서의 보살행菩薩行을 말한 부분. ⑩ 비불략毘佛略 : 방광方廣이라 번역하는, 광대한 진리를 말한 부분. ⑪ 아부타달마阿浮陀達摩 : 미증유법未曾有法 희유법希有法이라 번역하며, 석가모니가 보인 여러 가지 신통력을 말한 부분. ⑫ 우바제사優波提舍 : 논의論議라 번역하는, 교법敎法의 이치를 논하고 문답한 경문 등으로 되어 있다.

性과 乃至不可說不可說根種種性하며 念一根無
量種種性과 乃至不可說不可說根無量種種性하며
念一煩惱種種性과 乃至不可說不可說煩惱種
種性하며 念一三昧種種性과 乃至不可說不可說
三昧種種性이니라

　"한 대중의 모임과 내지 말할 수 없이 말할 수 없는 대중의 모임을 기억하느니라. 한 법을 연설함과 내지 말할 수 없이 말할 수 없는 법을 연설함을 기억하느니라. 한 근기根機의 갖가지 성품과 내지 말할 수 없이 말할 수 없는 근기의 갖가지 성품을 기억하며, 한 근기의 한량없는 갖가지 성품과 내지 말할 수 없이 말할 수 없는 근기의 한량없는 갖가지 성품을 기억하느니라. 한 번뇌의 갖가지 성품과 내지 말할 수 없이 말할 수 없는 번뇌의 갖가지 성품을 기억하느니라. 한 삼매의 갖가지 성품과 내지 말할 수 없이 말할 수 없는 삼매의 갖가지 성품을 기억하느니라."

한 대중의 모임만 하더라도 그 수효를 알 수 없다. 말할 수 없이 말할 수 없는 대중의 모임을 다 기억한다. 말할 수 없이 말할 수 없는 법을 연설함을 기억하고, 말할 수 없이 말할 수 없는 근기의 한량없는 갖가지 성품을 기억하고, 말할 수 없이 말할 수 없는 번뇌의 갖가지 성품을 기억하고, 말할 수 없이 말할 수 없는 삼매의 갖가지 성품을 기억한다. 이것이 보살의 기억하는 무진장이다.

### (2) 기억에 열 가지 수승함이 있다

此念이 有十種하니 所謂寂靜念과 淸淨念과 不濁念과 明徹念과 離塵念과 離種種塵念과 離垢念과 光耀念과 可愛樂念과 無障礙念이라

"이 기억에 열 가지가 있으니, 이른바 고요한 기억,

청정한 기억, 흐리지 않은 기억, 분명한 기억, 티끌을 여읜 기억, 가지가지 티끌을 여읜 기억, 때를 여읜 기억, 광명이 빛난 기억, 사랑스러운 기억, 장애가 없는 기억이니라."

　무엇을 기억하더라도 그 기억에 수승함이 있기도 하고 하열함이 있기도 하다. 때로는 확실하지 못한 기억 때문에 큰 손실을 입는 경우도 있다. 여기에서 열 가지 수승한 기억의 상을 나타낸 것이 그것이다. 분명하고 정확하게 잘 기억해야 한다.


### (3) 기억의 장에 머무는 이익을 밝히다

菩薩이 住是念時에 一切世間이 無能嬈亂하며
一切異論이 無能變動하며 往世善根이 悉得淸淨하며
於諸世法에 無所染着하며 衆魔外道의 所不能壞며

전신수생    무소망실     과현미래    설법무진
**轉身受生**에 **無所忘失**하며 **過現未來**에 **說法無盡**하며

어일체세계중    여중생동주    증무과구
**於一切世界中**에 **與衆生同住**호대 **曾無過咎**하며

입일체제불중회도량    무소장애    일체불
**入一切諸佛衆會道場**호대 **無所障礙**하며 **一切佛**

소    실득친근    시명보살마하살    제팔염장
**所**에 **悉得親近**하나니 **是名菩薩摩訶薩**의 **第八念藏**이니라

"보살이 이 기억에 머문 때에는 일체 세간이 번거롭고 어지럽게 하지 못하고, 일체 다른 주장이 변동하지 못하고, 지난 세상의 선근이 모두 청정하여지고, 모든 세상 법에 물들지 않고, 마군들과 외도가 파괴하지 못하고, 다른 몸을 받아 나도 잊어버리지 않고, 과거 현재 미래에 법을 설함이 다하지 않고, 모든 세계에서 중생들과 함께 있어도 허물이 없고, 일체 모든 부처님의 대중이 모인 도량에 들어가는 데 장애가 없고, 모든 부처님 계신 데 모두 친근하나니, 이것의 이름이 보살마하살의 제8 기억하는 장[念藏]이니라."

기억의 무진장에 머무는 이익을 열 가지로 밝혔다. 그중에 "다른 몸을 받아 나도 잊어버리지 않고, 과거 현재 미래에 법을 설함이 다하지 않는다."고 하였다. 다른 몸을 받아 태어난다는 것은 생을 달리한다는 뜻이다. 어제 일도 기억하지 못하는데 지난 생의 일을 기억한다는 것은 실로 기억의 무진장이다. 기억이 이와 같다면 세세생생을 법을 설한들 다하겠는가. 경전을 외거나 외국어를 공부해 보면 한번 보거나 들은 것을 잊지 않고 다 외울 수 있었으면 하는 생각이 간절하다. 그래서 기억의 무진장을 설한 것이다.


### 9) 지장持藏을 설하다

(1) 제법을 들어서 오랫동안 지님을 밝히다

불자 하등 위보살마하살 지장 차보살
佛子야 何等이 爲菩薩摩訶薩의 持藏고 此菩薩이

지제불소설수다라 문구의리 무유망실
持諸佛所說修多羅호대 文句義理를 無有忘失하야

일생지 내지불가설불가설생지 지일불
一生持하고 乃至不可說不可說生持하며 持一佛

명호 내지불가설불가설불명호 지일겁수
名號와 乃至不可說不可說佛名號하며 持一劫數와

내지불가설불가설겁수 지일불수기 내지
乃至不可說不可說劫數하며 持一佛授記와 乃至

불가설불가설불수기 지일수다라 내지불
不可說不可說佛授記하며 持一修多羅와 乃至不

가설불가설수다라
可說不可說修多羅하며

"불자들이여, 어떤 것을 보살마하살의 지니는 장[持藏]이라 하는가. 이 보살이 여러 부처님이 말씀한 수다라의 구절과 뜻을 지니고 잊지 아니하느니라. 일생 동안 지니며, 내지 말할 수 없이 말할 수 없는 생 동안 지니며, 한 부처님의 명호와 내지 말할 수 없이 말할 수 없는 부처님의 명호를 지니며, 한 겁의 수효와 내지 말할 수 없이 말할 수 없는 겁의 수효를 지니며, 한 부처님의 수기授記와 내지 말할 수 없이 말할 수 없는 부처님의 수기를 지니며, 한 수다라와 내지 말할 수 없이 말할 수 없는 수다라를 지니느니라."

부처님이 말씀한 수다라의 구절과 뜻을 오랫동안 지니고 잊지 아니하는 것을 지니는 무진장[持藏]이라 한다. 부처님의 명호와 겁의 수효와 수기 등을 한 겁과 내지 말할 수 없이 말할 수 없는 겁 동안 지니는 것이다.

持一衆會와 乃至不可說不可說衆會하며 持演一法과 乃至演不可說不可說法하며 持一根無量種種性과 乃至不可說不可說根無量種種性하며 持一煩惱種種性과 乃至不可說不可說煩惱種種性하며 持一三昧種種性과 乃至不可說不可說三昧種種性이니라

"한 대중의 모임과 내지 말할 수 없이 말할 수 없는 대중의 모임을 지니며, 한 법을 연설함과 내지 말할 수 없

이 말할 수 없는 법을 연설함을 지니며, 한 근기의 한량없는 갖가지 성품과 내지 말할 수 없이 말할 수 없는 근기의 한량없는 갖가지 성품을 지니며, 한 번뇌의 갖가지 성품과 내지 말할 수 없이 말할 수 없는 번뇌의 갖가지 성품을 지니며, 한 삼매의 갖가지 성품과 내지 말할 수 없이 말할 수 없는 삼매의 갖가지 성품을 지니느니라."

한 대중의 모임과 내지 무수한 대중의 모임과 법을 연설함과 근기의 성품과 번뇌의 성품과 삼매의 성품을 말할 수 없이 말할 수 없음을 지닌다.

### (2) 지니는 덕德의 양量을 밝히다

佛<sub>불</sub>子<sub>자</sub>야 此<sub>차</sub>持<sub>지</sub>藏<sub>장</sub>이 無<sub>무</sub>邊<sub>변</sub>難<sub>난</sub>滿<sub>만</sub>하며 難<sub>난</sub>至<sub>지</sub>其<sub>기</sub>底<sub>저</sub>하며 難<sub>난</sub>得<sub>득</sub>親<sub>친</sub>近<sub>근</sub>하며 無<sub>무</sub>能<sub>능</sub>制<sub>제</sub>伏<sub>복</sub>하며 無<sub>무</sub>量<sub>량</sub>無<sub>무</sub>盡<sub>진</sub>하며 具<sub>구</sub>大<sub>대</sub>威<sub>위</sub>力<sub>력</sub>하야 是<sub>시</sub>佛<sub>불</sub>境<sub>경</sub>界<sub>계</sub>라 唯<sub>유</sub>佛<sub>불</sub>能<sub>능</sub>了<sub>료</sub>니 是<sub>시</sub>名<sub>명</sub>菩<sub>보</sub>薩<sub>살</sub>摩<sub>마</sub>訶<sub>하</sub>薩<sub>살</sub>의

제 구 지 장
**第九持藏**이니라

"불자들이여, 이 지니는 장은 그지없어 가득차기 어렵고, 밑까지 이르기 어렵고, 친근하기 어렵고, 제어할 수 없고, 한량이 없고, 다함이 없고, 큰 위력을 갖추고, 부처님의 경계며, 오직 부처님만이 능히 아시나니, 이것의 이름이 보살마하살의 제9 지니는 장[持藏]이니라."

지니는 덕德의 양量은 한마디로 무량하다. 끝이 없다. 그 밑이 없다. 큰 위력을 갖추었다. 부처님의 경계라서 오직 부처님만이 안다. 이것이 제9 지니는 무진장이다.


### 10) 변장辯藏을 설하다

(1) 부처님의 경전과 똑같이 법을 설하다

불 자   하 등   위보살마하살   변 장   차 보 살
**佛子**야 **何等**이 **爲菩薩摩訶薩**의 **辯藏**고 **此菩薩**이

유심지혜　　요지실상　　광위중생　　연설제
**有深智慧**하야 **了知實相**하고 **廣爲衆生**하야 **演說諸**

법　　불위일체제불경전　　설일품법　　내지
**法**호대 **不違一切諸佛經典**하고 **說一品法**과 **乃至**

불가설불가설품법　　설일불명호　　내지불가
**不可說不可說品法**하며 **說一佛名號**와 **乃至不可**

설불가설불명호
**說不可說佛名號**하며

　"불자들이여, 어떤 것을 보살마하살의 말하는 장[辯藏]이라 하는가. 이 보살은 깊은 지혜가 있어 실상을 분명히 알고 중생에게 법을 설하되 일체 모든 부처님의 경전과 어기지 아니하느니라. 한 품品의 법을 설하고 내지 말할 수 없이 말할 수 없는 품의 법을 설하며, 한 부처님의 명호를 설하고 내지 말할 수 없이 말할 수 없는 부처님 명호를 설하느니라."

　보살은 깊은 지혜가 있어서 일체 존재의 실상을 분명히 알고 중생에게 법을 설하되 일체 모든 부처님의 경전과 어기지 아니한다. 오늘날 법을 전하고 포교를 하면서 부처님의 경전을 어기면서 자신의 소견을 가지고 불법이라고 하는 사람들이 있다. 일찍이 조사스님께서 경계하기를, "불법을 이야기함에 경전에 포섭되지 않는 말을 한다[談說不涉於典章]."고 하였다. 모든 설법이 부처님의 경전에 근거하여야 한다는 뜻이다. 그것이 진정한 말의 무진장이다.

**如是說一世界**하며 **說一佛授記**하며 **說一修多羅**하며 **說一眾會**하며 **說演一法**하며 **說一根無量種種性**하며 **說一煩惱無量種種性**하며 **說一三昧無量種種性**하며 **乃至說不可說不可說三昧無量種種性**하며

"이와 같이 한 세계를 설하며, 한 부처님의 수기를 설하며, 한 수다라를 설하며, 한 대중의 모임을 설하며, 한 법을 설하며, 한 근기의 한량없는 갖가지 성품을 설

하며, 한 번뇌의 한량없는 갖가지 성품을 설하며, 한 삼매의 한량없는 갖가지 성품을 설하며, 내지 말할 수 없이 말할 수 없는 삼매의 한량없는 갖가지 성품을 설하느니라."

깊은 지혜가 있어서 일체 존재의 실상을 분명히 알면 불가설 품의 법과 불가설 부처님의 명호 등 온갖 내용을 마음대로 부연하게 된다. 또 현대적인 사례를 들어서 현대인들이 이해하기 쉽도록 설명하게 된다. 현대의 과학적 연구를 통한 지식은 얼마나 많이 발전하였는가. 말의 무진장을 얻은 보살이라면 동서고금의 사례와 지식을 모두 동원하여 참으로 감동적이며 멋진 설법을 할 수 있으리라.

예컨대 암석 하나에서 이 지구 45억 년의 역사 기록을 다 읽는다는 과학자들의 이론은 곧 '먼지 하나에 시방세계가 포함되어 있다.'는 화엄의 이치를 그대로 증명하는 것이 아닌가. 이러한 사실들을 깊이 알아서 불법과 연관시켜 설명한다면 훌륭한 설법이 되리라.

或一日說하며 或半月一月說하며 或百年千年
百千年說하며 或一劫百劫千劫百千劫說하며 或
百千億那由他劫說하며 或無數無量과 乃至不可
說不可說劫說하야 劫數는 可盡이어니와 一文一句는
義理難盡이니 何以故오 此菩薩이 成就十種無盡
藏故니라

"혹 하루 동안 말하고, 혹 보름이나 한 달 동안 말하고, 혹 백년, 천년, 백천년 동안 말하고, 혹 일겁, 백겁, 천겁, 백천겁 동안 말하고, 혹 백천억 나유타 겁 동안 말하고, 혹 수없고 한량없고 내지 말할 수 없이 말할 수 없는 겁 동안 말하나니, 겁의 수효는 다할 수 있다 하더라도 한 글자 한 구절의 이치는 다할 수 없느니라. 무슨 까닭인가. 이 보살이 열 가지 무진장을 성취하는 연고이니라."

보살이 열 가지 무진장을 성취하게 되면 한 글자나 한 구절에 담겨 있는 이치를 설명하더라도 오랜 시간을 설명할 수 있는 능력이 있다. 얼마나 오랜 시간을 설명할 수 있는가. 하루, 보름, 한 달, 백년, 천년, 만년, 백겁, 천겁, 만겁 동안 설명할 수 있다. 설사 겁의 수효는 다할지라도 한 글자, 한 구절의 뜻은 다할 수 없다. 이것이 보살의 열 가지 무진장을 성취한 능력이다.


### (2) 말의 무진장으로 얻은 이익

成就此藏에 得攝一切法陀羅尼門이 現在前하야
百萬阿僧祇陀羅尼로 以爲眷屬하나니 得此陀羅
尼已에 以法光明으로 廣爲衆生하야 演說於法이니라

"이 장을 성취하여 일체 법의 다라니문을 거두어 앞에 나타남을 얻으니 백만 아승지 다라니로 권속이 되었느니라. 이 다라니를 얻고는 법의 광명으로써 중생들을 위하여 법을 널리 연설하느니라."

말의 무진장을 얻게 되면 따라서 일체 법을 다 지니는 다라니를 얻는다. 그 다라니는 백만 아승지 다라니로써 권속이 되어 있다. 또 법의 광명으로써 중생을 위하여 법을 연설하는 이익을 얻는다.

其<sup>기</sup>說<sup>설</sup>法<sup>법</sup>時<sup>시</sup>에 以<sup>이</sup>廣<sup>광</sup>長<sup>장</sup>舌<sup>설</sup>로 出<sup>출</sup>妙<sup>묘</sup>音<sup>음</sup>聲<sup>성</sup>호대 充<sup>충</sup>滿<sup>만</sup>十<sup>시</sup>方<sup>방</sup>一<sup>일</sup>切<sup>체</sup>世<sup>세</sup>界<sup>계</sup>하야 隨<sup>수</sup>其<sup>기</sup>根<sup>근</sup>性<sup>성</sup>하야 悉<sup>실</sup>令<sup>령</sup>滿<sup>만</sup>足<sup>족</sup>하고 心<sup>심</sup>得<sup>득</sup>歡<sup>환</sup>喜<sup>희</sup>하야 滅<sup>멸</sup>除<sup>제</sup>一<sup>일</sup>切<sup>체</sup>煩<sup>번</sup>惱<sup>뇌</sup>纏<sup>전</sup>垢<sup>구</sup>하며

"그 법을 설할 때에 넓고 긴 혀로써 미묘한 음성을 내어 시방의 일체 세계에 충만하였으며, 그들의 근성을 따라서 만족하여 마음을 기쁘게 하며, 일체 번뇌의 얽매임을 소멸하느니라."

부처님의 설법을 넓고 긴 혀라는 광장설廣長舌이라고 표현한다. 그리고 그 혀는 시방세계를 다 덮는다고도 하는데 부처님의 설법이 온 시방에 가득함을 나타낸 말이다. 또 부처님의 설법은 중생들의 근기와 성품과 욕락을 따라 다 만족하게 하여 마음을 환희하게 한다. 또한 중생들의 일체 번뇌의 속박과 때를 모두 소멸한다.

善入一切音聲言語文字辯才하야 令一切衆生<sup>선입일체음성언어문자변재</sup> <sup>영일체중생</sup>

으로 佛種不斷하고 淨心相續하며<sup>불종부단</sup> <sup>정심상속</sup>

"일체의 음성과 말과 문자와 변재에 잘 들어가 일체 중생들로 하여금 부처님의 종성種性이 끊어지지 않고 청정한 마음을 계속하게 하느니라."

말의 무진장으로 얻은 이익은 결국 일체의 음성과 말과 문자와 변재에 잘 들어가 일체 중생들로 하여금 부처님의 종성種性이 끊어지지 않고 청정한 마음을 계속하게 하는 데 그

목적이 있다. 부처님이 깨달아 중생에게 가르치신 진리의 법문이 영원히 계속되어 일체 중생을 모두 부처님으로 살게 하고자 하는 것이다.

亦以法光明<sub>으로</sub> 而演說法<sub>호대</sub> 無有窮盡<sub>하야</sub> 不生疲倦<sub>하나니</sub> 何以故<sub>오</sub> 此菩薩<sub>이</sub> 成就盡虛空徧法界無邊身故<sub>라</sub> 是爲菩薩摩訶薩<sub>의</sub> 第十辯藏<sub>이니라</sub>

"또한 법의 광명으로써 법을 연설하여 다함이 없으면서도 고달픈 생각을 내지 않나니, 무슨 연고인가. 이 보살은 온 허공과 법계에 가득한 그지없는 몸을 성취한 까닭이니라. 이것을 보살마하살의 제10 말하는 장[辯藏]이라 하느니라."

말의 무진장으로 얻은 이익은 법의 광명으로 법을 연설하는 데 무궁무진하다. 결코 피곤해하거나 싫증을 내지 않는

다. 부처님이 깨달으신 진리를 전파하는데 무슨 싫증이 나겠는가. 오직 환희심만 넘쳐날 뿐이다. 넘쳐나는 환희심으로 듣는 사람들을 감동하게 할 뿐이다. 이것이 말의 무진장이다.

# 4. 장藏의 수승함을 말하다

此<sub>차</sub>藏<sub>장</sub>이 無<sub>무</sub>窮<sub>궁</sub>盡<sub>진</sub>이며 無<sub>무</sub>分<sub>분</sub>段<sub>단</sub>이며 無<sub>무</sub>間<sub>간</sub>이며 無<sub>무</sub>斷<sub>단</sub>이며
無<sub>무</sub>變<sub>변</sub>異<sub>이</sub>며 無<sub>무</sub>隔<sub>격</sub>礙<sub>애</sub>며 無<sub>무</sub>退<sub>퇴</sub>轉<sub>전</sub>이며 甚<sub>심</sub>深<sub>심</sub>無<sub>무</sub>底<sub>저</sub>며 難<sub>난</sub>可<sub>가</sub>
得<sub>득</sub>入<sub>입</sub>이며 普<sub>보</sub>入<sub>입</sub>一<sub>일</sub>切<sub>체</sub>佛<sub>불</sub>法<sub>법</sub>之<sub>지</sub>門<sub>문</sub>이니라

"이 장은 다함이 없으며, 분단이 없으며, 사이가 없으며, 끊어짐이 없으며, 변하여 달라짐이 없으며, 막힘이 없으며, 퇴전함이 없으며, 매우 깊어 밑이 없으며, 들어갈 수 없으며, 일체 불법의 문에 두루 들어가느니라."

이 열 가지 무진장은 다함이 없으며, 분단이 없으며, 사이가 없는 등의 수승함으로 일체 불법의 문에 널리 들어간다. 즉 열 가지 무진장만 갖추면 일체 불법을 다 갖추게 된다는 것이다.

# 5. 열 가지 무진장에는 열 가지 다함없는 법이 있다

佛<sup>불</sup>子<sup>자</sup>야 此<sup>차</sup>十<sup>십</sup>種<sup>종</sup>無<sup>무</sup>盡<sup>진</sup>藏<sup>장</sup>이 有<sup>유</sup>十<sup>십</sup>種<sup>종</sup>無<sup>무</sup>盡<sup>진</sup>法<sup>법</sup>하야 令<sup>영</sup>
諸<sup>제</sup>菩<sup>보</sup>薩<sup>살</sup>로 究<sup>구</sup>竟<sup>경</sup>成<sup>성</sup>就<sup>취</sup>無<sup>무</sup>上<sup>상</sup>菩<sup>보</sup>提<sup>리</sup>케하나니라

"불자들이여, 이 열 가지 무진장에는 열 가지 다함이 없는 법이 있어서 모든 보살들로 하여금 구경에 무상보리를 성취케 하느니라."

열 가지 무진장에는 또다시 열 가지 무진장의 법이 있다. 그 열 가지 무진장의 법으로 구경에는 부처님이 성취하신 무상보리를 성취하게 한다.

<sub>하등</sub> <sub>위십</sub> <sub>요익일체중생고</sub> <sub>이본원</sub>
**何等**이 **爲十**고 **饒益一切衆生故**며 **以本願**으로

<sub>선회향고</sub> <sub>일체겁</sub> <sub>무단절고</sub> <sub>진허공계실개</sub>
**善廻向故**며 **一切劫**에 **無斷絶故**며 **盡虛空界悉開**

<sub>오</sub> <sub>심무한고</sub> <sub>회향유위</sub> <sub>이불착고</sub>
**悟**하야 **心無限故**며 **廻向有爲**호대 **而不着故**며

"무엇이 열인가. 일체 중생을 이익하게 하는 연고며, 본래의 서원을 잘 회향하는 연고며, 일체 겁에 단절함이 없는 연고며, 온 허공계를 모두 깨우치되 한정하는 마음이 없는 연고며, 함이 있는 데로 회향하되 집착하지 않는 연고이니라."

구경에는 부처님이 성취하신 무상보리를 성취하게 하는 열 가지 무진장의 법 중에서 먼저 다섯 가지다. 불법은 어떤 이유에서건 중생에게 이익이 있어야 한다. 보살의 본래의 서원은 어떤 선근 공덕을 닦든지 모두 중생에게 회향하고자 하는 것이다. 이와 같은 일이 무수한 세월에 단절이 없어야 한다. 온 우주법계를 다 깨닫게 하고도 마음에 한정하는 바가 없어야 한다. 보살이 닦은 선근 공덕을 설사 유위에 회향

하더라도 집착이 없어야 한다.

一念境界에 一切法이 無盡故며 大願心이 無變異故며 善攝取諸陀羅尼故며 一切諸佛의 所護念故며 了一切法이 皆如幻故라 是爲十種無盡法이니 能令一切世間所作으로 悉得究竟無盡大藏이니라

 "한 생각의 경계에 일체 법이 다함이 없는 연고며, 크게 서원하는 마음이 변동이 없는 연고며, 모든 다라니를 잘 거두어 잡은 연고며, 일체 모든 부처님이 호념하는 연고며, 일체 법이 모두 환술과 같음을 아는 연고이니라. 이것을 열 가지 다함이 없는 법이라 하나니, 능히 일체 세간의 짓는 것을 모두 끝까지 이르게 하는 큰 무진장이니라."

 구경에는 부처님이 성취하신 무상보리를 성취하게 하는

열 가지 무진장의 법 중에서 다음의 다섯 가지다. 한 생각, 즉 짧은 한순간에 일체 법이 다 포함되어 있어서 다함이 없다. 보살은 일체 중생을 다 교화하겠다는 크게 서원하는 마음이 변함이 없다. 모든 법을 다 거두어 지니는 모든 다라니를 잘 포섭하여 취한다. 보살은 일체 모든 부처님이 호념하며 가피하여 불사를 돕는다. 궁극에는 일체 법이 모두 환영과 같고 환술과 같음을 다 깨달아 안다. 이것이 열 가지 무진장에 있는 열 가지 무진장의 법이다.

십무진장품을 마치면서 십행법문이 중심이 되는 제4회 야마천궁에서 설한 법문을 이것으로 모두 마쳤다.

십무진장품 끝

〈제21권 끝〉

# 華嚴經 構成表

| 分次 | 周次 | | | 內容 | 品數 | 會次 |
|---|---|---|---|---|---|---|
| 舉果勸樂生信分<br>(信) | 所信因果周 | | | 如來依正 | 世主妙嚴品 第一<br>如來現相品 第二<br>普賢三昧品 第三<br>世界成就品 第四<br>華藏世界品 第五<br>毘盧遮那品 第六 | 初會 |
| 修因契果生解分<br>(解) | 差別因果周 | 差別因 | 十信 | 如來名號品 第七<br>四聖諦品 第八<br>光明覺品 第九<br>菩薩問明品 第十<br>淨行品 第十一<br>賢首品 第十二 | 二會 |
| | | | 十住 | 昇須彌山頂品 第十三<br>須彌頂上偈讚品 第十四<br>十住品 第十五<br>梵行品 第十六<br>初發心功德品 第十七<br>明法品 第十八 | 三會 |
| | | | 十行 | 昇夜摩天宮品 第十九<br>夜摩天宮偈讚品 第二十<br>十行品 第二十一<br>十無盡藏品 第二十二 | 四會 |
| | | | 十迴向 | 昇兜率天宮品 第二十三<br>兜率宮中偈讚品 第二十四<br>十迴向品 第二十五 | 五會 |
| | | | 十地 | 十地品 第二十六 | 六會 |
| | | | 等覺 | 十定品 第二十七<br>十通品 第二十八<br>十忍品 第二十九<br>阿僧祇品 第三十<br>如來壽量品 第三十一<br>菩薩住處品 第三十二 | 七會 |
| | | 差別果 | 妙覺 | 佛不思議法品 第三十三<br>如來十身相海品 第三十四<br>如來隨好光明功德品 第三十五 | |
| | 平等因果周 | 平等因 | | 普賢行品 第三十六 | |
| | | 平等果 | | 如來出現品 第三十七 | |
| 托法進修成行分<br>(行) | 成行因果周 | | | 二千行門 | 離世間品 第三十八 | 八會 |
| 依人證入成德分<br>(證) | 證入因果周 | | | 證果法門 | 入法界品 第三十九 | 九會 |

(資料：文殊經典研究會)

| 會場 | 放光別 | 會主 | 入定別 | 說法別舉 |
|---|---|---|---|---|
| 菩提場 | 遮那放齒光眉間光 | 普賢菩薩為會主 | 入毘盧藏身三昧 | 如來依正法 |
| 普光明殿 | 世尊放兩足輪光 | 文殊菩薩為會主 | 此會不入定．信未入位故 | 十信法 |
| 忉利天宮 | 世尊放兩足指光 | 法慧菩薩為會主 | 入無量方便三昧 | 十住法門 |
| 夜摩天宮 | 如來放兩足趺光 | 功德林菩薩為會主 | 入菩薩善思惟三昧 | 十行法門 |
| 兜率天宮 | 如來放兩膝輪光 | 金剛幢菩薩為會主 | 入菩薩智光三昧 | 十廻向法門 |
| 他化天宮 | 如來放眉間毫相光 | 金剛藏菩薩為會主 | 入菩薩大智慧光明三昧 | 十地法門 |
| 再會普光明殿 | 如來放眉間口光 | 如來為會主 | 入剎那際三昧 | 等妙覺法門 |
| 三會普光明殿 | 此會佛不放光．表行依解法依解光故 | 普賢菩薩為會主 | 入佛華莊嚴三昧 | 二千行門 |
| 祇陀園林 | 放眉間白毫光 | 如來善友為會主 | 入獅子頻申三昧 | 果法門 |

如天 無比

1943년 영덕에서 출생하였다. 1958년 출가하여 덕흥사, 불국사, 범어사를 거쳐 1964년 해인사 강원을 졸업하고 동국역경연수원에서 수학하였다. 10여 년 선원생활을 하고 1976년 탄허 스님에게 화엄경을 수학하고 전법, 이후 통도사 강주, 범어사 강주, 은해사 승가대학원장, 대한불교조계종 교육원장, 동국역경원장, 동화사 한문불전승가대학원장 등을 역임하였다. 2018년 5월에는 수행력과 지도력을 갖춘 승랍 40년 이상 되는 스님에게 품서되는 대종사 법계를 받았다. 현재 부산 문수선원 문수경전연구회에서 150여 명의 스님과 300여 명의 재가 신도들에게 화엄경을 강의하고 있다. 또한 다음 카페 '염화실(http://cafe.daum.net/yumhwasil)'을 통해 '모든 사람을 부처님으로 받들어 섬김으로써 이 땅에 평화와 행복을 가져오게 한다.'는 인불사상人佛思想을 펼치고 있다.

저서로『대방광불화엄경 강설』(전81권),『무비 스님의 유마경 강설』(전3권),『대방광불화엄경 실마리』,『무비 스님의 왕복서 강설』,『무비 스님이 풀어 쓴 김시습의 법성게 선해』,『법화경 법문』,『신금강경 강의』,『직지 강설』(전2권),『법화경 강의』(전2권),『신심명 강의』,『임제록 강설』,『대승찬 강설』,『당신은 부처님』,『사람이 부처님이다』,『이것이 간화선이다』,『무비 스님과 함께하는 불교공부』,『무비 스님의 중도가 강의』,『일곱 번의 작별인사』, 무비 스님이 가려 뽑은 명구 100선 시리즈(전4권) 등이 있고 편찬하고 번역한 책으로『화엄경(한글)』(전10권),『화엄경(한문)』(전4권),『금강경 오가해』 등이 있다. 또한 사경집으로『대방광불화엄경 사경』(전81권),『금강반야바라밀경 사경』,『반야바라밀다심경 사경』,『보현행원품 사경』,『관세음보살보문품 사경』,『천수경 사경』,『묘법연화경 사경』(전7권),『법화경약찬게 사경』,『지장경 사경』(전3권) 등 무비 스님의 사경 시리즈가 있다.

# 대방광불화엄경 강설 제21권

| 초판 1쇄 발행_ 2015년 4월 13일
| 초판 3쇄 발행_ 2023년 3월 9일

| 지은이_ 여천 무비(如天 無比)
| 펴낸이_ 오세룡
| 편집_ 박성화 손미숙 여수령 정연주
| 기획_ 최은영 곽은영 최윤정
| 디자인_ 고혜정 김효선 박소영
| 홍보 마케팅_ 정성진
| 펴낸곳_ 담앤북스
　　　　서울특별시 종로구 새문안로3길 23 (내수동) 경희궁의 아침 4단지 805호
　　　　대표전화 02)765-1251 전송 02)764-1251 전자우편 dhamenbooks@naver.com
　　　　출판등록 제300-2011-115호
| ISBN　978-89-98946-51-7　04220

정가 14,000원

ⓒ 무비스님 2015